Claudio de Oliveira Ribeiro

Pluralismo
e libertação

Dados Internacionais de Catalogação na Publicação (CIP)
(Câmara Brasileira do Livro, SP, Brasil)

Ribeiro, Claudio de Oliveira
  Pluralismo e libertação / Claudio de Oliveira Ribeiro. – São Paulo : Paulinas, 2014. – (Coleção teorema)

  ISBN 978-85-356-3696-3

  1. Pluralismo religioso 2. Teologia da libertação I. Título. II. Série.

13-14025   CDD-261

Índice para catálogo sistemático:
1. Pluralismo religioso e teologia da libertação : Cristianismo   261

1ª edição – 2014

Direção-geral: Bernadete Boff
Conselho editorial: Dr. Afonso M. L. Soares
Dr. Antonio Francisco Lelo
Me. Luzia M. de Oliveira Sena
Maria Goretti de Oliveira
Dr. Matthias Grenzer
Dra. Vera Ivanise Bombonatto
Editores responsáveis: Vera Ivanise Bombonatto e
Afonso M. L. Soares
Copidesque: Ana Cecilia Mari
Coordenação de revisão: Marina Mendonça
Revisão: Sandra Sinzato
Gerente de produção: Felício Calegaro Neto
Projeto gráfico: Manuel Rebelato Miramontes

Nenhuma parte desta obra poderá ser reproduzida ou transmitida por qualquer forma e/ou quaisquer meios (eletrônico ou mecânico, incluindo fotocópia e gravação) ou arquivada em qualquer sistema ou banco de dados sem permissão escrita da Editora. Direitos reservados.

Paulinas
Rua Dona Inácia Uchoa, 62
04110-020 – São Paulo – SP (Brasil)
Tel.: (11) 2125-3500
http://www.paulinas.org.br – editora@paulinas.com.br
Telemarketing e SAC: 0800-7010081
© Pia Sociedade Filhas de São Paulo – São Paulo, 2014

Sumário

Prólogo 5

Para início de conversa 8
    1. A dimensão do plural 9
    2. O caminho percorrido 13

Um olhar sobre o quadro religioso brasileiro atual:
possibilidades e limites para o pluralismo 18
    Introdução 18
    1. Pressupostos conceituais para a análise 19
    2. O mundo em mudança 22
    3. Aspectos do quadro religioso 25
    Considerações finais 39
    Referências 40

Fé e pluralismo religioso: antecedentes na teologia de Paul Tillich 42
    Introdução 42
    1. O legado de Paul Tillich 44
    2. A dimensão do diálogo 46

Considerações finais... 53
Referências 55

Perspectivas teológicas para uma aproximação
ecumênica das religiões.. 56
    Introdução 56
    1. O valor do humano e da ética social para o
    diálogo inter-religioso 57
    2. Por uma teologia que vislumbre uma unidade aberta,
    convidativa e integradora.. 61
    3. As religiões como códigos de comunicação.................................... 64
    4. Religiões, diálogo e direitos humanos 67
    5. Missão cristã e diálogo inter-religioso... 71
    Considerações finais.. 80
    Referências 81

A questão cristológica em foco.. 83
    Introdução 83
    1. Jesus e a visão pluralista... 85
    2. A autêntica identidade é forjada no diálogo 95
    3. Pluralismo religioso, cristologia e o método teológico............... 101
    Considerações finais.. 108
    Referências 109

A teologia latino-americana e o pluralismo religioso..................... 111
    Introdução 111
    1. A referência da justiça e da paz.. 115
    2. Mudança de lugar teológico a partir da realidade
    das culturas religiosas afro-indígenas... 122
    3. A contribuição da teologia feminista da libertação
    para o debate do pluralismo religioso.. 136
    4. O valor da mística e da alteridade 140
    Considerações finais.. 148
    Referências 149

Prólogo

Claudio escolheu com bom critério a matéria e mesmo o título deste livro, pois, com efeito, pluralismo e libertação são talvez os dois maiores temas teológicos latino-americanos das duas últimas décadas, nomeadamente:

- a libertação, como o nosso já reconhecido "carisma" continental, como a marca registrada da teologia latino-americana, como a contribuição das nossas Igrejas para o conjunto todo da Igreja mundial, exportado para os outros continentes;
- e o pluralismo, como um primeiro paradigma teórico, vindo de algum modo de fora do continente, para desafiar uma teologia da libertação primeira e ingênua, nunca confrontada além do paradigma inclusivista.

Lembro ainda quando, em 2001, em Quito, Equador, na Assembleia Geral da Associação de Teólogos e Teólogas do Terceiro Mundo, alguns companheiros(as) decidimos optar por essa aventura: o cruzamento da teologia da libertação latino-americana com a ainda desconhecida teologia do pluralismo religioso...

Pluralismo e libertação

Alguns duvidavam da oportunidade do tema do pluralismo: seria uma distração burguesa; ou uma questão forânea, de outra geografia, não genuinamente latino-americana; ou, para outros, seria um tema teórico, alheio às premências sempre urgentes da libertação... Mas fomos muitos os que tivemos a coragem de optar por esse caminho, e entramos de vez na trilha do pluralismo religioso, sabendo que com isso não deixávamos de fazer teologia da libertação mesmo: há muita gente e muitas comunidades oprimidas por velhos preconceitos religiosos que não lhes deixam ter relações horizontais e fraternas com comunidades de outras religiões, ou que andam pela vida com um complexo de superioridade que lhes impede andar em verdade; e há pelo mundo afora um monte de conflitos religiosos, entre as próprias religiões e entre as culturas, por causa da falta de uma gramática adequada, atualizada, que saiba ler essas relações além do mundo referencial inclusivista e mesmo exclusivista no qual nasceram e ainda vivem as religiões de mais da metade da população mundial. A humanidade sofre, está oprimida pela autointerpretação tradicional das religiões, e precisa ser liberada dessa velha opressão. A teologia do pluralismo religioso é mesmo teologia da libertação.

Existem ainda teólogos(as) que até hoje não levaram em consideração o tema, que preferem ficar de fora, de olho no debate, esperando que outros lidem com as dificuldades, guardando um prudente silêncio enquanto seus avanços liberadores não sejam oficialmente aceitos...

Não é o caso do Claudio, que entrou nessa esforçada práxis teórica para refazer os conteúdos da teologia da libertação no novo contexto irreversivelmente plural. Suas várias publicações visibilizam e garantem seu compromisso nesse campo. Parabéns, Claudio!

Mas os tempos correram, e em menos de duas décadas, como bem mostra e testemunha este e os vários outros livros do Claudio sobre o tema, já temos uma grande produção teológica latino-americana de teologia do pluralismo religioso... Há por aí muita coisa refletida, escrita, publicada e partilhada pelo continente afora, neste campo teológico de "pluralismo e libertação". E estamos já em um tempo no qual, mesmo em nível intercontinental, tem-se que contar com o que disse a América Latina (Brasil é parte dela, mesmo) sobre pluralismo. Este livro do Claudio também o testemunha.

Pluralismo e libertação, com certeza, têm configurado uma hora histórica da nossa teologia continental, no começo do século XXI, uma hora gloriosa e fecunda demais. Mas não poderemos parar aí... A vida segue, a procura continua... e novos paradigmas estão já aí, no aguardo de serem avistados, pedindo para serem abordados. Depois de nos confrontar com o paradigma do pluralismo cultural e social, vamos ter que confrontar também a libertação com a ecologia profunda, com a hipótese do paradigma pós-religional, com o paradigma do pós-teísmo, com o paradigma da nova epistemologia... Existem já muitos(as) que o estão fazendo. Está na hora. Mas sempre, isso sim, seguindo na trilha da libertação, como Claudio faz com maestria neste livro.

Em todo caso, o ponto de partida não será outro senão esse ao qual já chegamos: o encontro radical entre pluralismo e libertação.

Obrigado, Claudio, por teu livro, que nos situa no ponto de partida para novas singraduras.

José Maria Vigil

Para início de conversa...

Esse livro nasceu de um esforço em aprofundar questões teológicas suscitadas pelo pluralismo religioso. Situar-se diante de realidades plurais é algo existencialmente desconcertante! Muito melhor seria, diriam alguns, se tivéssemos uma única visão, uma só religião, uma única alternativa de viver... Mas a vida não é assim. Cada vez mais, no tempo presente, a pluralidade se realça entre nós, inclusive a religiosa, e nos desafia. No caso das religiões, há no seu interior reações que revelam certo mal-estar com o pluralismo, o que gera posturas defensivas, por vezes agressivas e de intolerância. Ao mesmo tempo, há reações que mostram um bem-estar diante do pluralismo, vendo nele um valor, uma graça, um espelho para aprofundamento da fé e dos valores fundamentais da vida.

Recentemente, apresentei questões e visões que mobilizam teólogos e teólogas que se encontram nesse segundo grupo. Em *A teologia das religiões em foco: um guia para visionários* (São Paulo: Paulinas, 2012), trabalho de cunho didático, feito em conjunto com Daniel Santos Souza, indicamos diferentes visões sobre o tema que marcam as perspectivas de diferentes autores, nacionais e estrangeiros, católicos e protestantes.

A aceitação e repercussão do referido livro me leva agora a recolocar tais questões, ampliando-as e sistematizando-as a partir de diferentes polos do debate em torno de uma teologia ecumênica das religiões no contexto latino-americano.

Para uma visão geral, facilitadora dos caminhos tão complexos da relação entre pluralismo e libertação, enfatizo a seguir, como primeiras considerações, a lógica das reflexões aqui contidas, cuja expressão "teologia no plural" tem marcado o meu trabalho e a minha vida, em seus diferentes aspectos. Vamos a ela!

1. A dimensão do plural

A perspectiva ecumênica, tanto na dimensão intracristã como inter-religiosa, ganhou nas últimas décadas forte destaque nos ambientes teológicos, acadêmicos ou no nível das práticas religiosas. Nossa pressuposição é de que ela é fundamental para toda e qualquer experiência religiosa ou esforço teológico ou hermenêutico em geral. Esta visão, quando vivenciada existencialmente e/ou assumida como elemento básico entre os objetivos, altera profundamente o desenvolvimento de qualquer projeto, iniciativa ou movimento religioso. Daí o interesse pelos estudos ecumênicos. No tocante à teologia, em todos os seus campos, o dado ecumênico suscita novas e desafiantes questões.

No campo cristão, por exemplo, na medida em que as pessoas e os grupos, nas bases, nas atividades práticas, nos espaços de formação e em encontros, contam com a participação de pessoas e grupos de confissões ou religiões diferentes, eles vão mergulhando cada vez mais no universo plural que a sociedade hoje representa. Mais que isso, aprendem a fugir das respostas rápidas e unívocas e descobrem a existência de formas diferentes de compreender o mundo, a vida e a missão religiosa — igualmente válidas. Além disso, e em plano

Pluralismo e libertação

semelhante, compreendemos que o diálogo supõe que cada um dos lados seja autenticamente ele mesmo e que, como tal, se manifeste, se revele e seja acolhido. Ao conhecer melhor o outro, cada um conhece melhor a si mesmo. O que poderia parecer um fator que aprofunda as distâncias torna-se caminho privilegiado de uma nova visão espiritual.

A presença do "outro", portanto, é a dimensão interpeladora da prática ecumênica. É este "outro" – em seu corpo, sua fala e sua fé – que estimula a vida e a produção teológica de quem com "ela/ele" se relaciona. Esta presença e esta interação são desafiadoras em diferentes aspectos. O primeiro ponto é a pluralidade. Embora cada vez mais destacada nos discursos, é possível assumir as dificuldades que muitos que têm a perspectiva teórica dos referenciais da "esquerda política", enfrentam nesse aspecto. Os reducionismos teóricos e metodológicos de expressiva parcela de agentes e lideranças religiosas, assim como de teólogos(as), têm sido muitas vezes um exemplo de estar "pouco à vontade" nesse ponto. Já para os grupos políticos e religiosos com visões mais conversadoras, a pluralidade quase sempre não é considerada um valor.

Já as pessoas que somam em sua trajetória uma experiência ecumênica, em geral acrescentam às diferentes práticas, eventos, projetos ou experiências religiosas, uma sensibilidade distinta de abertura, afetividade, alteridade e criatividade. Também o aprofundar da vivência ecumênica exige um reordenamento de sentidos e de sensibilidade aos fatos. Trata-se de possuir – como as mulheres, por exemplo – outra forma de ver o mundo e o divino. Assim, nessa interação com o "outro", nas mobilidades de nossas fronteiras, se dá um encontro com "o novo", numa espécie de evento *kairótico*, em que a relação com esta alteridade explode o curso comum das histórias pessoais e de grupos.

Outro significado teológico da vivência ecumênica é a referência utópica. A presença em conjunto de pessoas e de grupos com diferentes experiências religiosas aponta para o futuro e, necessariamente, precisa estar deslocada do real. É a dimensão da imaginação. Esse utópico, todavia, não é uma perspectiva linear e progressiva da história, em que ela vai se completando e tomando rumo a um sentido único. Utopia, aqui, relaciona-se com uma atividade visionária que, a partir da dimensão do futuro, cria intervenções e rupturas no presente.

Quando comunidades religiosas, ainda que de forma incipiente, começam – movidas por uma utopia – a se unir em torno de uma proposta socialmente responsável e comum, isso se torna uma ação política e profética. A unidade é, portanto, uma tarefa religiosa sublime e cabe-nos identificá-la (ou mesmo suas contraposições) nas diferentes linguagens religiosas. No contexto das experiências religiosas, é comum encontrarmos um tipo de apelo que indica ser preciso abrir caminhos, dar sinais proféticos de unidade, ainda que pequenos, superando posturas já cristalizadas perante o ecumenismo, como aquela caracterizada por um otimismo festivo que considera a prática ecumênica em estágio avançado e pouco atenta às limitações e diferenças dos diversos grupos. Ou, como outra postura, marcada por um pessimismo exigente que não considera os avanços do ecumenismo e não valoriza as pequenas iniciativas e possibilidades. Uma alternativa que se percebe no campo religioso – e, em nossa interpretação, parece-nos consistente – é enxergar a unidade ecumênica numa dimensão histórica: valorizando seu desenvolvimento, limitações, críticas e possibilidades.

As pessoas e grupos que atuam ecumenicamente, em especial no campo popular, na grande maioria vivem sua fé por vezes de maneira inédita e fora dos padrões eclesiásticos ou religiosos convencionais. É fato que muitos pagam elevado ônus pela radicalidade ecumênica e por seus compromissos políticos, nem sempre bem acolhidos pelas ferrugens das dimensões institucionais que organizam o espaço religioso.

Outro aspecto da prática ecumênica é a fragmentação das experiências. Não há, ainda, elementos de articulação dessas iniciativas, tanto no âmbito intracristão como no inter-religioso. No Brasil, elas têm sido vividas por todos os cantos do país, todavia, de forma diversa, modesta, por vezes embrionária, algumas vezes com dimensão política mais acentuada, outras vezes, não. Algumas experiências conseguem continuidade, outras se fragilizam com a mudança da liderança religiosa. Umas têm caráter mais eclesial/comunitário e gratuito, muitas estão em torno de grupos para estudo da Bíblia, no caso cristão, ou de formas mais espontâneas de espiritualidade. Em alguns lugares, têm-se implementado projetos comuns de formação religiosa e, em outros, projetos sociais e econômicos, construindo parcerias com agências ecumênicas, comunidades cristãs e de outras tradições religiosas, na busca por uma fé que incida publicamente na sociedade diante de suas questões, problemas e propostas de transformação.

Nessa implementação de projetos apontamos – como "sinal dos tempos" – a irrupção de um ecumenismo de face mais livre e popular, marcado pela construção de articulações mais espontâneas, organizadas em redes e fóruns autogestionáveis, com pessoas do campo e da cidade, de distintas origens religiosas e experiências de fé, com diferentes lutas em movimentos sociais, populares e ecumênicos. Como prática, esta mobilização popular, movida pelas diversas espiritualidades, acontece na procura pela incidência pública e transformação das realidades de injustiça e intolerância.

Nesse sentido, caminha-se também em busca da promoção dos direitos humanos, econômicos, sociais, culturais e ambientais (DHESCA). Os desafios são os mais diversos. Mesmo em meio às fragilidades, surgem a criação de redes, o reflorescimento das juventudes na caminhada do movimento ecumênico – que é centenário –, a formação de novas lideranças e a presença cada vez mais diversificada de grupos religiosos distintos. Essa irrupção ecumênica pode e deve estar relacionada com um "ecumenismo confessional", de tom mais eclesiástico, mas permanece além, transpassando estas iniciativas mais doutrinais, construindo-se como outro espaço de espiritualidade e de incidência pública, não tão relacionado às práticas institucionais, mas às ações pessoais e comunitárias.

Com essas considerações, dois aspectos dessa diversidade e fragmentação da vivência ecumênica precisam ser ressaltados. Em primeiro lugar, aqueles que questionam a autenticidade do diálogo ecumênico intracristão ou inter-religioso nas bases, por estar, muitas vezes, calcado somente na figura do líder ou num pequeno grupo de pessoas, precisam considerar que isso pode ser extremamente significativo em virtude do caminhar histórico das Igrejas cristãs e das religiões em geral. Em segundo lugar, é preciso olhar de forma especial e atenta para poder visualizar as vivências ou potencialidades ecumênicas nos diferentes espaços de atuação, caso tenhamos uma posição interessada motivada pelos processos de democratização e de reforço à pluralidade na sociedade.

2. O caminho percorrido

Como indicativo da necessidade de novos referenciais teóricos, tanto para a teologia como para as ciências da religião, está, em nosso ver, uma compreensão mais adequada da diversificação cada vez mais visível do quadro religioso e o crescente anseio da parte de diferentes grupos pelos diálogos inter-religiosos, como busca de interculturalidade, não obstante o simultâneo fortalecimento das propostas de cunho fundamentalista. Esse panorama tem implementado novas perspectivas hermenêuticas, teológicas ou não, mas ainda possui no horizonte a maior parte de suas questões. Estas também necessitam ser formuladas de maneira mais adequada e debatidas com profundidade. Esperamos com este livro dar uma modesta contribuição para a elucidação desse quadro.

Quanto mais olharmos as vivências religiosas dentro de uma lógica plural que perceba suas conexões com as demais experiências humanas – religiosas ou não –, como se inter-relacionam e se interpelam e como podem expressar seus valores fundamentais, mais compreensíveis serão as linguagens da religião. Para isso, a teologia e as ciências da religião, sobretudo suas áreas de caráter mais hermenêutico, que intentam analisar as linguagens da religião, precisam estar atentas.

Seguindo as trilhas da tradição teológica latino-americana, nossa primeira preocupação foi "olhar" a realidade. Nossa pesquisa procurou identificar os aspectos do quadro religioso brasileiro atual que consideramos mais importantes para uma compreensão das possibilidades e dos limites do pluralismo religioso. Entre tais aspectos estão: (i) a relação da matriz religiosa e cultural brasileira com as marcas do pluralismo religioso atual; (ii) os processos de privatização das experiências religiosas, em especial, como o fato econômico intervém na religião; (iii) os processos de secularização e as novas formas religiosas, incluindo as formas de trânsito religioso e o lugar das mídias no processo religioso; e (iv) a relação entre as expressões de fundamentalismo e as de pluralismo. Para efetuar tais análises, recorremos às concepções de *diferença cultural*, de *alteridade*, de *interculturalidade* e de *entrelugar*.

Um segundo passo foi buscar antecedentes no pensamento teológico do efervescente despertar de uma teologia ecumênica das religiões, que marca o cenário teológico atual. Buscamos, a partir da genuína tradição teológica protestante, a confluência entre os pensamentos do renomado teólogo Paul Tillich (1886-1965) e os da teologia latino-americana no tocante à perspectiva pluralista de compreensão da fé. Consideramos que a vocação ecumênica, ao marcar as reflexões teológicas e pastorais, indica que o caráter de apologia, de sectarismo ou de exclusivismo é ou deve ser evitado. Deus é sempre maior do que qualquer compreensão ou realidade humana. Age livremente, em especial na ação salvífica. Nesse sentido, não é preciso estar excessivamente preocupado em descobrir quem é ou será salvo (para utilizar o imaginário comum dos cristãos); mas quem é e o que representa Jesus Cristo para a comunidade cristã. Essa perspectiva de Tillich o remete à busca de um novo paradigma para a teologia das religiões. Trata-se da superação dos seguintes modelos: o que considera Jesus Cristo e a Igreja como caminho necessário para a salvação; o que considera Jesus Cristo como caminho de salvação para todos, ainda que implicitamente; e aquele no qual Jesus é o caminho para os cristãos, enquanto para os outros o caminho é a sua própria tradição. A perspectiva pluralista, que advogamos, possui como característica básica a noção de que cada religião tem a sua proposta salvífica e também de fé, as quais devem ser aceitas, respeitadas e aprimoradas a partir de um diálogo e aproximação mútuos. Assim, a fé cristã, por exemplo, necessita ser reinterpretada a partir do confronto dialógico e criativo com as demais fés. O mesmo deve se dar com toda e qualquer tradição religiosa.

O terceiro passo é apresentar um elenco de questões que fundamentam e justificam uma aproximação ecumênica entre as religiões. Trata-se das possibilidades de uma teologia ecumênica das religiões tendo como eixo articulador a preocupação pela paz, pela justiça e pela integridade da criação. Com isso, desejamos, a partir da contribuição de renomados autores, analisar temas de destaque para o cenário das análises sociais e teológicas como: o valor do humano e da ética social para o diálogo inter-religioso; as possibilidades de uma unidade aberta, convidativa e integradora no âmbito das religiões; a importância pública das religiões; as religiões como códigos de comunicação; e a relação entre o poder do império e o poder do diálogo das religiões, e como este influi na defesa dos direitos humanos e como ele redimensiona a missão cristã. A proposição é que a perspectiva ecumênica, uma vez articulada com as dimensões sociais, políticas, econômicas e culturais, dentro dos variados contextos históricos, pode oferecer densidade e amplitude para a reflexão teológica. Os esforços que valorizam a capacidade de diálogo e de sensibilidade ecumênica e aqueles que destacam a importância pública das religiões partem da concepção de que a perspectiva ecumênica, tanto em nível prático quanto em nível teórico-metodológico, requer e possibilita uma compreensão mais apurada da realidade,

Pluralismo e libertação

um aperfeiçoamento de visões dialógicas e o cultivo de maior sensibilidade para a valorização da vida e para a promoção da paz e da justiça.

O quarto passo é igualmente desafiador, pois, considerando o contexto da fé cristã desafiada pelo pluralismo religioso, trata da questão cristológica. Apresentamos uma perspectiva cristológica plural na relação inter-religiosa, a partir da visão de que cada expressão religiosa tem a sua proposta salvífica e também de fé, que devem ser aceitas e respeitadas, mas também reinterpretadas a partir de um diálogo e aproximação mútuos. Tal perspectiva não anula nem diminui o valor das identidades religiosas – no caso da fé cristã, a importância de Cristo –, mas leva-as a um aprofundamento e amadurecimento, movidos pelo diálogo e pela confrontação justa, amável e corresponsável. Na visão pluralista, os elementos-chaves da vivência religiosa e humana em geral são alteridade, respeito à diferença e o diálogo e a cooperação prática e ética em torno da busca da justiça e do bem comum. A aproximação e o diálogo entre grupos de distintas expressões religiosas cooperam para que elas possam construir ou reconstruir suas identidades e princípios fundantes.

O último passo norteia todo o livro. Trata-se da apresentação de desafios que a pluralidade religiosa traz para a teologia latino-americana. Como resultado de nossas reflexões, formulamos três eixos norteadores da temática: a) a importância pública das religiões para os processos de promoção da paz e da justiça, associada ao valor da mística e da alteridade na formação de espiritualidades ecumênicas e, também, ao modo como elas incidirão nos processos religiosos e sociais, favorecendo perspectivas utópicas, democráticas e doadoras de sentido; b) a necessidade de mudança de lugar teológico a partir da realidade das culturas religiosas afro-indígenas; c) a contribuição da teologia feminista da libertação para o debate do pluralismo religioso.

Procuramos reunir a produção teológica latino-americana em torno das questões do pluralismo religioso, identificamos os aspectos principais, especialmente os que interpelam mais diretamente o método teológico, e sistematizamos os pontos que consideramos mais desafiadores em torno dos três eixos já referidos. Diante do pluralismo religioso, faz-se necessária para a teologia das religiões uma atenção especial à articulação entre a capacidade de diálogo dos grupos religiosos, não obstante as suas ambiguidades, e os desafios em torno da defesa dos direitos humanos e da sustentabilidade da vida em geral e das lógicas inclusivas que possam reger o presente século.

Para dar esses passos, reorganizamos materiais publicados recentemente em revistas acadêmicas qualificadas, adicionamos novos, e os apresentamos em capítulos temáticos. Dos textos utilizados, destacamos: "Pluralismo e religiões: bases ecumênicas para uma teologia das religiões", *Estudos de Religião* (2012); "Religiões e paz: perspectivas teológicas para uma aproximação ecumênica das religiões", *Horizonte* (2012); "A teologia diante das culturas afro-indígenas: interpelações ao método teológico", *Numen* (2012); "Pluralismo e religiões: a questão cristológica em foco", *Horizonte* (2013); "Teologia e espiritualidade ecumênica: implicações para o método teológico a partir do diálogo inter-religioso", *Estudos Teológicos* (2013); "Fé e pluralismo religioso: reflexão a partir da teologia de Paul Tillich", *Correlatio* (2013).

Desejamos que a leitura deste livro nos abra novos e substanciais horizontes.

Um olhar sobre o quadro religioso brasileiro atual: possibilidades e limites para o pluralismo

Introdução

A diversidade religiosa no Brasil tem gerado novos desafios em diferentes campos do conhecimento, especialmente no das ciências da religião e da teologia. Não obstante o fortalecimento institucional e popular de propostas religiosas com acentos mais verticalistas, em geral conflitivas, fechadas ao diálogo, marcadas por violência simbólica e de caráter fundamentalista, o campo religioso tem experimentado também formas ecumênicas de diálogo entre grupos religiosos distintos.

Diante desse quadro ambíguo surgem diferentes perguntas: Como tal realidade, especialmente com as suas contradições, incide no quadro social e político, e vice-versa? Como interfere no fortalecimento de uma cultura democrática e de práticas afins? Como podem conviver no mesmo tempo e espaço social práticas religiosas fechadas ao diálogo e outras que defendem a pluralidade e a aproximação entre grupos religiosos? Quais são as possibilidades para fortalecimento do pluralismo religioso? Essas e outras perguntas similares não encontram respostas razoavelmente seguras. Há um longo e denso caminho de reflexão em direção ao seu amadurecimento. Os limites de nossa reflexão no momento não possibilitam equacioná-las. Todavia, alguns passos precisam ser dados.

Nosso objetivo é indicar alguns aspectos do quadro religioso brasileiro atual que consideramos mais relevantes, com destaque para as possibilidades e os limites do pluralismo religioso. Para isso, destacaremos a relação da matriz religiosa e cultural brasileira com os aspectos que marcam o pluralismo religioso atual, os processos de privatização das experiências religiosas, em especial como o fato econômico intervém nas experiências religiosas, os processos de secularização e as novas formas religiosas, levando em consideração também as formas de trânsito religioso e o lugar das mídias no processo religioso atual, bem como a relação entre as expressões de fundamentalismo e de pluralismo.

1. Pressupostos conceituais para a análise

Destacamos, inicialmente, quatro concepções que consideramos fundamentais para uma hermenêutica do quadro religioso: (i) a contribuição da concepção de *diferença cultural* para as análises do pluralismo religioso, (ii) a noção de *alteridade* e a sua implicação para o estudo científico da religião, (iii) os processos de *interculturalidade* facilitados pela maior velocidade das comunicações, pelo desapego às tradições e pela mobilidade rural-urbana, e (iv) a concepção de *entrelugar* como trabalho fronteiriço da cultura, que requer um encontro com "o novo" que não seja mera reprodução ou continuidade de passado e presente. Embora não detalhadas nesse trabalho, tais concepções estão pressupostas em nossa análise do contexto religioso. Vejamos.

A primeira é a pressuposição de uma distinção, ainda que sutil, entre pluralismo, pluralidade e diferença (religiosa ou cultural). Em especial no contexto latino-americano, a cultura e a religião formam um amálgama, a ponto de não conseguirmos estudar uma cultura sem considerar a religião. Da mesma forma, não conseguimos analisar a religião, sem levarmos em conta os aspectos culturais. Diante disso, o termo *pluralismo* possui enfoque mais acentuadamente descritivo. Assim como analisamos a variedade de sistemas econômicos ou políticos, estudamos também o pluralismo religioso, que está relacionado aos sistemas religiosos existentes no mundo ou em determinado contexto.

A palavra *pluralismo* nos parece indicar que estamos apenas olhando para um "bloco" único de pluralidade. *Pluralidade*, por sua vez, tem caráter mais valorativo. Trata-se do quanto os sistemas religiosos existentes no mundo ou os de uma região específica são, de fato, distintos. O vocábulo *diferença* é o resultado da análise do pluralismo, pois, na pluralidade detectada em cada ramo do sistema religioso, comparam-se e analisam-se as diferenças e semelhanças, sempre valorizando cada uma delas, sem englobar todas em uma única nomenclatura ou conceituação. Dessa forma, obtém-se o valor de cada aspecto, forma ou experiência, dentro de cada sistema religioso. Ao discutirmos a diferença dentro de cada sistema, estamos um passo além da diversidade religiosa, fornecendo maior autonomia a cada uma das partes, pois o que analisa também se inclui como um portador de diferença religiosa ou cultural. A visão de diferença valoriza ainda mais a autonomia das partes, dos sujeitos e das perspectivas em jogo.

A segunda concepção, advinda do campo da antropologia e da filosofia, é a noção de *alteridade*. A capacidade de alteridade é reconhecer um "outro" que está além da subjetividade própria de cada pessoa, grupo ou instituição. Autores como Emmanuel Lévinas e Martin Buber aprofundaram a temática. Trata-se de uma postura, método, ou sistema de ferramentas científicas que permite redimensionar, em perspectiva, a realidade. Assim, a plausibilidade de um dado sistema (religioso ou cultural) se evidenciaria no convívio com o "outro" e não na confrontação apologética, na tentativa de desqualificá-lo. Dessa forma, permite-se uma possibilidade criativa de aproximação e convívio da qual decorrerá a melhor compreensão do "outro", que não mais será visto como exótico, como inimigo, como inferior ou como qualquer outra forma de desqualificação. É com essa perspectiva que recorremos à concepção de alteridade para as ciências da religião.

Como terceiro elemento, destacamos a *interculturalidade* como processo contextual que visa à capacitação de pessoas e grupos para uma vivência de culturas e religiões em constante relação e em mútuas transformações abertas (FORNET-BETANCOURT, 2007). A interculturalidade busca um equilíbrio em um mundo diverso e plural, a partir de relações articuladoras do novo, fora da lógica daquilo que se soma ou se subtrai. O que nelas acontece é um relacionamento interativo de caminhos. No caso das religiões, a interculturalidade visa fazer com que vivam em solidariedade e mutualidade, em abertura ao outro e em comunicabilidade harmoniosa e respeitosa entre os seres humanos, em desapego às tradições cristalizadas, a fim de construir um mundo a partir das pessoas, grupos e instituições de "boa vontade", bem como das experiências críticas, propositivas, plurais e de alteridade.

Por fim, também como referencial de análise das diferenças culturais e religiosas, indicamos a busca de um equacionamento mais adequado para as relações entre religião e cultura, com destaque para o valor dos estudos culturais. Nossa base são as abordagens do renomado pensador Homi Bhabha. Dentro da visão crítica do pensamento pós-colonial do referido autor, destacamos o trabalho fronteiriço da cultura, que requer um encontro com "o novo" que não seja mera reprodução ou continuidade de passado e presente. Ele renova e reinterpreta o passado, refigurando-o como um "entrelugar" contingente, que inova, interrompe e interpela a atuação do presente.

Outro destaque é o horizonte hermenêutico e de intervenção social de Bhabha a partir da possibilidade de "negociação" da cultura ao invés de sua "negação", comum nas posições dicotômicas e bipolares, tanto no campo político como nas análises científicas. Trata-se de uma temporalidade forjada nos entrelugares e posicionada no "além", que faz com que seja aceitável conceber a articulação de elementos antagônicos ou contraditórios e tornar possível novas realidades, ainda que sejam híbridas, sem forte coerência racional interna, mas nem por isso desprovidas de potencial transformador e utópico (BHABHA, 2001).

2. O mundo em mudança

As transformações ocorridas na sociedade, tanto em âmbito mundial como continental, desafiam fortemente os grupos religiosos e os acadêmicos que os estudam, em especial em relação às formulações teóricas e às práticas e vivências religiosas inovadoras que se destacaram nas últimas décadas do século XX e que hoje parecem não ser mais os fatores que caracterizam a situação religiosa em nossas terras.

No campo cristão, por exemplo, a teologia e a pastoral latino-americanas, em função de suas bases teóricas, não ficaram isentas dos impactos proporcionados pelas mudanças socioeconômicas e políticas do final do século passado, simbolizadas pela queda do muro de Berlim. Em função disso, novos referenciais precisam ser descobertos para que a produção teológica possa ser aprofundada e adquira novos estágios cada vez mais relevantes.

Para a reflexão sobre os atuais desafios que se apresentam à teologia e às ciências da religião no contexto latino-americano, especialmente a interpretação do quadro religioso como ora proposto, é necessário pressupor o panorama das referidas transformações nos campos político, social, econômico e cultural, ocorridas ainda na virada para os anos 1990 e que até hoje exigem melhor compreensão. Tais mudanças fortaleceram a consolidação do capitalismo globalizado e desordenaram significativamente os processos de produção de conhecimento. Ao mesmo tempo, viveu-se o crescimento e o fortalecimento institucional de novos movimentos religiosos, em especial do pentecostalismo e das experiências de avivamento religioso, cristão e não cristão.

Nestor Canclini, na conhecida obra *Consumidores e cidadãos: conflitos multiculturais da globalização*, indica que

> a maneira neoliberal de fazer globalização consiste em reduzir empregos para reduzir custos, competindo entre empresas transnacionais, cuja direção se faz desde um ponto desconhecido, de modo que os interesses sindicais e nacionais quase não podem ser exercidos. A consequência de tudo isto é que mais de 40% da população latino-americana se encontra privada de trabalho estável e de condições mínimas de segurança, que sobreviva nas aventuras também globalizadas do comércio informal, da eletrônica japonesa vendida junto a roupas do sudoeste asiático, junto a ervas esotéricas e artesanato local (CANCLINI, 1996, pp. 18-19).

Desde a derrocada do sistema socialista soviético, o capitalismo globalizado, como novo estágio que o sistema econômico predominante experimentou no final do século XX, tem sido apresentado como o único caminho para se organizar a sociedade. As conhecidas e controvertidas teses de Francis Fukuyama afirmam que o triunfo do capitalismo como um sistema político e econômico significou que o mundo teria alcançado o "fim da história" (FUKUYAMA, 1992).

Esse novo estágio do sistema capitalista acentua a desvalorização da força de trabalho em função da automação e da especialização técnica e, também, em detrimento das políticas sociais públicas. Forma-se, portanto, um enorme contingente de massas humanas excluído do sistema econômico e destinado a situações desumanas de

Pluralismo e libertação

sobrevivência ou mesmo passível de ser eliminado pela morte. Os ajustes sociais e econômicos implementados pelas políticas neoliberais geram degradação humana, perda do sentido de dignidade e consequentes problemas sociais das mais variadas naturezas, atingindo os setores mais pobres da sociedade. Contraditoriamente, em meio ao processo de globalização da economia e da informação, emergem, com maior intensidade, os conflitos étnicos, raciais e regionais no mundo inteiro.

Portanto, as análises sociais precisam pressupor a reordenação internacional já referida, desde os efeitos do fim do "socialismo real", décadas atrás, até as mudanças no capitalismo internacional, em especial por suas propostas e ênfases totalizantes e hegemônicas que reforçam sobremaneira as culturas do individualismo e do consumismo exacerbados. Ao lado disso, está a complexidade da realidade cultural e a necessidade de compreensões mais amplas que não sejam reféns de uma visão meramente bipolar "dominantes x dominados". Todos esses aspectos são arestas correlacionadas de uma mesma realidade e demarcam as discussões em torno dos temas teológicos e das análises científicas das experiências religiosas. A necessidade de se superar as visões dicotômicas e dualistas revela, como já dito, a importância dos estudos culturais e das análises oriundas da visão pós-colonial para os nossos estudos.

No campo social, as sociedades latino-americanas vivem processos que, embora variados, possuem em comum uma série de obstáculos para o exercício da cidadania. Além da realidade política e econômica, está o desenvolvimento de uma cultura da violência que, além da dimensão social, envolve os aspectos étnicos, raciais e de gênero. O Brasil e os demais países da América Latina vivem tal realidade intensamente. Soma-se a isto a violência a partir das ações do crime organizado, de justiceiros e de grupos de extermínio, de fobias sociais, étnicas e de motivação sexual, bem como a degradação da vida humana com o tráfico de crianças, o comércio de órgãos humanos e a prostituição e a violência urbana.

É fato que, em termos políticos, há sinais que contradizem tal tendência. Mesmo que cada grupo ou opção política tenha diferentes avaliações em relação às suas atuações, é consenso afirmar que, nos últimos anos, diversos governos na América Latina assumiram e têm desenvolvido políticas cujo perfil se enquadra em um espectro mais "à esquerda" do que seus antecessores. É o caso do Brasil, da Venezuela, do Chile, da Argentina, da Bolívia, do Equador e do Paraguai. As repercussões de tais políticas requerem uma análise à parte, mas elas têm gerado expectativas de mudança social. O mesmo se dá com alguns movimentos sociais, como, por exemplo, os que se articulam em torno de direitos sociais e cidadania, em especial pelas redes sociais digitais, o Movimento de Trabalhadores Rurais Sem Terra (MST) no Brasil, articulações de povos indígenas na Bolívia e mobilizações populares diversas, em especial as que integram o Fórum Mundial Social em suas diferentes versões no Brasil e em outros países, cuja referência básica é que "um outro mundo é possível".

3. Aspectos do quadro religioso

Dentro do quadro de mudanças sociais, observemos agora aspectos relacionados às transformações no campo religioso. Os limites desta obra, obviamente, não permitem uma visão aprofundada da situação religiosa no Brasil. Limitar-nos-emos a pouquíssimas notas que revelam a complexidade das mudanças.[1]

As últimas décadas do século XX e a primeira do XXI desafiaram os cientistas da religião e os teólogos, em especial pelas mudanças socioeconômicas e as implicações delas na esfera religiosa. O leque de influências filosóficas e teológicas é tamanho que se torna árdua

---

[1] Para uma visão de conjunto veja, entre tantos trabalhos, os seguintes textos: RANDÃO, Carlos Rodrigues; PESSOA, Jadir de Morais. *Os rostos de Deus do outro*. São Paulo: Loyola, 2005; CAMURÇA, Marcelo. Novos movimentos religiosos: entre o secular e o sagrado. *Ciências Sociais e Ciências da Religião*. São Paulo: Paulinas, 2008, pp. 91-109; MOREIRA, Alberto da Silva; DIAS DE OLIVEIRA, Irene (org.). *O futuro da religião na sociedade global*. São Paulo: Paulinas/UCG, 2008.

a tarefa de até mesmo descrever o cotidiano doutrinário, teológico e prático de uma comunidade religiosa.

O fato é que a vivência religiosa no Brasil sofreu, nas últimas décadas, fortes mudanças. Alguns aspectos do novo perfil devem-se à multiplicação e maior visibilidade dos grupos orientais, em toda a sua diversidade étnica e cultural, à afirmação religiosa indígena e afro-brasileira, em suas diversas matizes, à presença pública das diferentes expressões do Judaísmo e do Islamismo, às expressões espiritualistas e mágicas que se configuram em torno da chamada Nova Era, ao fortalecimento institucional dos movimentos católicos de renovação carismática, e ao crescimento evangélico, em especial, o das Igrejas e movimentos pentecostais. Todas estas expressões, além de outras, formam um quadro complexo e de matizes as mais diferenciadas.

3.1. A matriz religiosa e cultural brasileira e o pluralismo religioso

Teólogos e cientistas da religião, ao analisarem especificamente o campo das Igrejas e dos movimentos cristãos, indicam que há no crescimento numérico dos grupos uma incidência intensa e direta de vários elementos provenientes da matriz religiosa e cultural brasileira. Esta, como se sabe, é marcada por elementos mágicos e místicos, fruto de uma simbiose das religiões indígenas, africanas e do catolicismo ibérico (BITTENCOURT FILHO, 2003). A avaliação do peso dos elementos místicos e mágicos provenientes das culturas indígenas, africanas e do catolicismo ibérico, que marcam a matriz religiosa brasileira, é fundamental nas análises científicas sobre o pluralismo religioso no Brasil.

A experiência religiosa brasileira foi e tem sido fortemente influenciada por uma espiritualidade de cunho imagético e por narrativas míticas que se constituem por um conjunto de cosmovisões e experiências orientadas pela espontaneidade e sem maior rigor institucional do que por um *corpus* teológico sistematizado. Essa identidade religiosa é determinante do esvaziamento de expressões religiosas orientadas por discursos teológicos mais rígidos e formais, que não privilegiam a espontaneidade e a diferença cultural e, em certo sentido, explicam a expansão de movimentos no seio dos diversos grupos religiosos, que enfatizam o caráter espontâneo, místico e celebrativo.

O contexto atual revela diferentes formas de simbioses entre religião e cultura, o que diversifica ainda mais o quadro religioso. Sem possuir contornos fixos, os novos movimentos religiosos se multiplicam. De fato, estes movimentos possuem traços flutuantes, dispersos e plurais. Muitos deles situam-se nas fronteiras e cruzamentos da religião com a medicina, a arte, a física, a filosofia, a psicologia, a ecologia, e, especialmente, a economia.

Para compreendermos melhor isso, seguimos dois conceitos indicados por Carlos Alberto Steil (2008): o de "gêneros confusos" (cf. Clifford Geertz) e o de "nebulosa das heterodoxias" (cf. Jacques Maître). O primeiro, se aplicado à religião, mostra como a cultura se transforma em religião (exemplo: meditações e autorreflexão como forma religiosa) e como a religião se transforma em cultura (exemplo: o lazer a partir de formas religiosas). Pressupomos a ideia de que a cultura, como um sistema simbólico, fornece tanto um relato do mundo como um conjunto de regras para atuar nele. A religião, por seu curso, faz o mesmo, mas de forma ainda mais eficiente e totalizante.

O segundo se caracteriza por espaços interstícios, vazios, que as religiões estabelecidas abandonaram ou não estiveram aptas a responder e que as ciências não se ocuparam. Tais fronteiras ou cruzamentos são os lugares das incertezas, dos imponderáveis da vida, dos mistérios e do acaso, dos fracassos e da morte. Como exemplo, poderíamos compreender diversas experiências religiosas populares como um fenômeno de protesto tanto contra a ineficácia do sistema de saúde pública quanto contra a secularização dos cristianismos dominantes que deixaram um vazio em matéria de resolução dos problemas de saúde. Este vácuo será, então, ocupado por propostas religiosas alternativas, que exacerbam a linguagem do desejo.

3.2. Os processos de privatização das experiências religiosas

As experiências religiosas na atual sociedade globalizada apresentam-se fortemente influenciadas pelo modelo econômico vigente. Em função disso, as análises não podem prescindir da relação entre religião e economia, em especial, da força sedutora do capitalismo globalizado, como força de massificação e uniformização dentro de um quadro crescente de diversidade religiosa. Evidencia-se a privatização da experiência posta no indivíduo como sujeito autônomo da sua fé, capaz de escolher, dentre as ofertas do mercado religioso, os aspectos que lhe agradam e que contribuem para a recomposição de seu mundo e integrá-los em uma variada coloração religiosa. Há também as teses que defendem a ideia da força do sistema capitalista como religião (BENJAMIN, 2013, LÖWY, 2000, HINKELAMMERT, 2012), subtraindo dela a importância na organização da vida.

A lógica do mercado religioso torna-se um contraponto à adesão institucional de fiéis. A busca de sentido para a vida, preferencialmente no aspecto prático, uma vez mediada pelas ofertas de bens simbólicos, possibilita diferentes opções religiosas, algumas delas com "dupla pertença". O mercado religioso de bens simbólicos, como produtor de sentido, está, de certa forma, aberto a todos. Por outro lado, diante da diversidade de ofertas dos bens simbólicos, as pessoas desejam soluções religiosas que ofereçam respostas rápidas, simples, eficazes, de mais fácil compreensão e com resultados comprováveis. Tais soluções possuem a capacidade de atrair um número maior de fiéis.

No universo intenso e variado de ofertas de bens simbólicos, é possível a participação das pessoas em mais de uma instituição ou grupo, o que gera um trânsito religioso. Os processos de trânsito religioso consistem

> no deslocamento dos atores religiosos por diversos espaços sagrados e/ou por crenças religiosas e na prática simultânea de diferentes religiões. Um trânsito que se dá tanto entre as religiões institucionalizadas quanto entre as religiões e outros sistemas de práticas sociais (STEIL, 2008, p. 10).

Há também um crescente número de pessoas que desejam a experiência da fé sem a necessidade de submissão às instituições religiosas. Na fé privatizada, cada pessoa escolhe o que deseja crer, onde e como exercer a experiência religiosa, não obstante os instrumentos e mecanismos ideológicos e massificantes. É fato que há uma distinção entre privatização da fé e individuação ou pessoalização da fé. Individuação seria fazer-se indivíduo, ao alcançar o máximo de sua individualidade, entendida como a mais íntima, autêntica e profunda expressão do ser, com ampla compreensão, aceitação e permissão desta expressão de pessoalidade e autonomia. No entanto, o quadro religioso não tem apresentado tais características e tem sido marcado mais por elementos de massificação e de reprodução de formas individualistas, intimistas e com lógicas consumistas e de ascensão social e prosperidade econômica e material no âmbito individual e familiar.

Além disso, a globalização multiplica e aproxima as tradições e os universos religiosos. E para evidenciar ainda mais o alargamento das fronteiras, as práticas de marketing, em geral aliadas aos interesses do sistema econômico, apropriam-se de discursos religiosos para seus fins, e vice-versa.

Os processos de globalização precisam ser compreendidos a partir de diferentes lógicas que levem em conta as dimensões econômica, política, social, cultural e, especialmente, a partir da interação entre elas. Uma revisão dos estudos sobre os processos de globalização mostra-nos que estamos perante um fenômeno multifacetado com dimensões econômicas, sociais, políticas, culturais, religiosas e jurídicas interligadas de modo complexo. Por esta razão, as explicações monocausais e as interpretações monolíticas desse fenômeno parecem pouco adequadas. O pluralismo religioso precisa ser compreendido dentro desse amplo e complexo quadro.

Sobre a "explosão religiosa" atual há um outro aspecto relevante. Trata-se da influência na vivência religiosa de aspectos, não explicitamente religiosos, que formaram a mentalidade da sociedade moderna no final do século XX, como é o caso das ênfases no consumo, na vida privada, na ascensão social e aspectos similares. Talvez isto explique, pelo menos em parte, o sucesso dos livros e ideias de autores bastante difundidos como Paulo Coelho e Lair Ribeiro, entre outros. Nesse sentido, destacam-se também as "religiões de mercado", bastante evidenciadas em propostas no campo pentecostal, tanto nas versões protestantes como nas católico-romanas.

Não é somente no campo cristão que esse fenômeno se manifesta. Diferentes religiões, incluindo as de natureza afro-brasileira, possuem vertentes que advogam formas de uma "espiritualidade de consumo". Nelas reside um caráter intimista, individualista e marcado pela busca de respostas imediatas para problemas pessoais ou familiares concretos que se revela na troca de esforços humanos (ofertas materiais e financeiras, atos religiosos como orações, bênção de objetos materiais e outros) por um retorno favorável aos desejos e necessidades humanas por parte do divino. Uma simples observação dos meios de comunicação social possibilita constatar o aumento do número de programas que utilizam os sistemas "0800" e "0900" para fins religiosos.

Nestor Canclini já nos alertara que as identidades não mais se definem fundamentalmente por essências a-históricas, mas são criadas e recriadas pelo consumo e pelas posses materiais. A cultura torna-se desterritorizada. Ela passa a ser um processo multinacional, uma "articulação flexível de partes", uma "colagem de partes" independentemente de país ou território, religião ou ideologia (CAN-CLINI, 1996, p. 17).

3.3. Os processos de secularização e as novas formas religiosas

É necessário destacar que o processo de secularização vivido em meio à modernidade não produziu, como se esperava, o desaparecimento ou a atenuação das experiências religiosas. Ao contrário, no campo cristão, por exemplo, as formas pentecostais e carismáticas ganharam apego popular, espaço social e base institucional, tanto no mundo evangélico como no católico. Outras religiões também vivenciam, no Brasil e no mundo, momentos de reflorescimento.

Consideramos que a secularização é facilitadora das expressões religiosas. No Brasil, por exemplo, há um simultâneo crescimento de pessoas sem religião e o florescimento do fervor religioso. Isso pode ser computado aos processos de secularização, entendidos não como entrave ao religioso, mas como um novo perfil cultural. Isso ocorre concomitantemente às mudanças no sistema de cristandade que, devido às influências dos processos de secularização e das opções religiosas, perdeu sua antiga dominação coercitiva sobre o espectro sociocultural. Assim, o fenômeno religioso é redimensionado na afirmação da subjetividade livre da tutela da cristandade, permitindo o livre acesso à opção e à diversidade religiosa.

É fato que há a tendência ambígua da perda de força do que se chamou "grandes instituições religiosas", vivida simultaneamente em meio ao fortalecimento dos movimentos religiosos, em geral sincréticos. Para isso, há de se compreender o sentido da tensão entre instituição e movimento religioso. A instituição religiosa é uma forma de organização em que há um conjunto de regras e regulamentos que levam um determinado grupo a construir uma identidade por meio de segmento hierárquico e de um corpo doutrinal que o caracteriza diante de outros. O movimento religioso tem como características a presença de líderes, as estruturas e a flexibilidade diante dos regulamentos estabelecidos.

Na atualidade, as grandes instituições religiosas perdem espaço. Isto acontece em razão da não mobilidade delas perante a dinâmica da busca intensa de respostas imediatas e a excessiva preocupação com a manutenção de sua pretensa identidade ou de um rigor moral apregoado como mantenedor da ordem social. Por conseguinte, a sociedade se torna cada vez mais heterogênea e já não comporta mais uma via única de regras baseada em argumentos muitas vezes considerados obsoletos. Entretanto, os movimentos religiosos que, via de regra, não têm o peso de um engessamento institucional, ganham pela praticidade e pela não necessária preservação de uma identidade institucional, embora em boa parte dos casos sejam regidos por uma lógica rígida de valores morais e reproduzem contradições das instituições religiosas clássicas.

Outro aspecto é o primado da experiência, sobretudo sensorial, no campo religioso atual. A realidade hoje reconstrói o valor da experiência, fruto do pensamento moderno iluminista. Na atualidade, as formas de espiritualidade são cada vez menos orientadas por uma adesão formal a um conjunto de verdades estabelecidas por uma autoridade eclesiástica, mas, sim, por uma subjetividade influenciada por uma cultura das mídias na qual importam mais as sensações do que os valores e a memória histórica. O viés comunitário dá lugar à ênfase na experiência individualista, por vezes até mesmo hedonista e de caráter intimista e privado.

É de fundamental importância a análise do papel das mídias na divulgação e propaganda das diferentes formas religiosas e os simultâneos processos de padronização delas. A constatação de que vivemos em uma sociedade midiática, que constitui um forte poder de persuasão, é notória. Nesse sentido, o papel das mídias tem servido para divulgação de diversas formas culturais, cuja religiosidade possui presença garantida.

A mídia, com a linguagem própria e a lógica econômica que a caracterizam, já é a maior fonte de informações sobre a religião. Os shows-missas e os shows gospel, as transmissões sobre o Papa e sobre festas religiosas são as formas explícitas disso (MOREIRA, 2008, p. 31).

Nesse sentido, é possível afirmar que os meios de comunicação têm servido como ferramenta de explicitação do pluralismo religioso. Isto é, aparentemente, teríamos uma "democratização" dos espaços das religiões na mídia. Contudo, as práticas não garantem a efetivação dessa mesma pluralidade, uma vez que a presença religiosa, pela ação das mídias, requer certa conformidade com a lógica do capitalismo, com o qual tem estreita relação.

3.4. Fundamentalismos e pluralismo

Outro aspecto de destaque no quadro religioso brasileiro atual é o simultâneo e igualmente ambíguo crescimento dos fundamentalismos e do pluralismo religioso. As definições em torno do termo fundamentalismo não se constituem em fácil tarefa.[2] A utilização demasiada do termo e os diferentes contextos nos quais é aplicado requereriam de nós uma longa descrição. Pressupomos um tipo de fundamentalismo mais associado à certa refutação religiosa das perspectivas antropológicas, que levam em conta as formas de evolução do universo e da vida humana e as explicações mais racionais da vida.

Isso se deu fortemente na virada do século XIX para o XX, especialmente nos contextos teológicos norte-americanos e europeus, com o debate e com as reações às proposições do liberalismo teológico no campo protestante – como a abertura ao diálogo entre fé e

---

[2] Os autores, em geral, associam a expressão fundamentalismo à famosa série de doze livros editados por dois teólogos norte-americanos: Amzi C. Dixon e Reuben A. Torrey. Os volumes trazem contribuições de diversos teólogos com caráter apologético, sempre em refutação aos temas da teologia moderna. Coletivamente, foram intitulados *The Fundamentals*, publicados sucessivamente entre 1909 e 1915. No Brasil, tais ideias foram disseminadas a partir dos trabalhos de grupos missionários norte-americanos. Os textos somente foram traduzidos para o português recentemente: *Os fundamentos*; a famosa coletânea das verdades bíblicas fundamentais. São Paulo: Hagnos, 2005.

ciências, o estudo histórico e crítico da Bíblia e a relação mais propositiva das Igrejas com a sociedade –, bem como nas posições oficiais da Igreja Católica Romana, especialmente no período do Pontificado de Pio X (1903-1914), refratárias à emancipação da razão e aos principais aspectos da cultura moderna.

As perspectivas teológicas mais abertas ao debate científico e aos processos modernizadores, de fato, encontraram-se em choque frontal com visões religiosas que se aglutinaram no contexto das Igrejas evangélicas norte-americanas na virada para o século XX, as quais, em linhas gerais, se contrapuseram às teorias de Charles Darwin e a outras formas de concepção teológica herdeiras do iluminismo moderno. O liberalismo teológico foi considerado, como já referido, elemento desagregador da fé e, em função do seu avanço, se buscou retomar em vários e influentes círculos religiosos os fundamentos da fé. Daí a expressão fundamentalismo.

Diversos grupos evangélicos reagiram à teologia liberal, ao ecumenismo, à aplicação das ciências na interpretação bíblica, em especial às teses evolucionistas de Darwin, e adotaram uma postura anticatólica. Era uma reação à modernidade, mas contraditoriamente, utilizando o racionalismo moderno de comparação como método de interpretação da Bíblia. Embora militante, não se trata de um movimento unificado e acaba denominando diferentes tendências protestantes do século XX. Todavia, podemos classificar como fundamentalismo qualquer corrente, movimento, ou atitude, de cunho conservador e integrista que enfatiza a obediência rigorosa e literal a um conjunto de princípios básicos, desprovidos de visão dialógica.

Em linhas gerais, as posturas e visões fundamentalistas se caracterizavam pela: (a) inerrância da Bíblia, popularizada na expressão "ler a Bíblia ao pé da letra", que não favorece uma leitura bíblica articulada com "o contexto do texto e o contexto da vida"; (b) por uma escatologia milenarista que, em certo sentido, nega o sentido salvífico descoberto e vivido na dinamicidade da história, e o dispensacionalismo, que prevê a história em etapas fixas e distintas e predeterminadas; (c) e por uma concepção unilateral e absoluta da verdade que tende ao dogmatismo, o que inibe, entre outras coisas, o diálogo entre a fé e as ciências. Hoje, tais ideias são recompostas com novas ênfases, mas mantêm resguardada certa oposição às formas de autonomia humana. No campo cristão, tanto católico-romano como evangélico, são visíveis, por exemplo, as reações contra posturas mais abertas no campo da sexualidade, especialmente no que se refere ao direito das mulheres ao próprio corpo e ao prazer e também à homossexualidade.

No Catolicismo romano, a posição anticientífica esteve fortemente presente nas primeiras décadas do século XX e até mesmo no processo de renovação eclesial – por oposição, é claro –, que culminou com o Concílio Vaticano II (1962-1965). Como se sabe, o Vaticano II, em especial pelo seu caráter pastoral, foi um significativo marco de renovação da Igreja Católica Romana no seu diálogo com a sociedade e com os tempos modernos. Não obstante isso, as visões anticientíficas mantiveram-se sempre em posição refratária às mudanças em curso, e encontraram guarida institucional nos setores que a partir dos anos de 1990 passaram a interpretar as referidas decisões conciliares em chave mais cuidadosa.

Assim se deu, por exemplo, o esforço da Carta apostólica *Fides et ratio* (1998) do Sumo Pontífice João Paulo II aos bispos da Igreja Católica, a qual fala das relações entre fé e razão. O fato é que após a realização do concílio houve retrocessos e até omissões em relação a suas próprias deliberações e posicionamentos.

As visões fundamentalistas, em geral, tendem a gerar formas dualistas e maniqueístas de ver o mundo, a separar fácil e artificialmente o sagrado e o profano, e a um não aprofundamento das explicações racionais dos dilemas e vicissitudes da vida, atribuindo, por vezes, explicações religiosas descontextualizadas de seus princípios fundantes. Hoje, dentro do fundamentalismo religioso, podemos identificar expressões religiosas judaicas, islâmicas, cristãs, tanto evangélicas como católicas, entre outras.

Pluralismo e libertação

Um dado importante é que poderíamos lembrar que as formas de fundamentalismo se dão em diferentes níveis. Além do religioso, há também o científico e político-filosófico. Para elucidar este último elemento, basta lembrar as dificuldades, no campo das relações humanas e institucionais, em conviver com formas distintas de pensar. Daí que o termo fundamentalismo seja até mesmo utilizado na política para situar práticas que se podem configurar dentro dos radicalismos usualmente conhecidos como "de direita" ou "de esquerda", e quando se associam com a religião tornam-se ainda mais elucidativos.[3]

No caso da referência a um fundamentalismo científico, estamos nos guiando pelas concepções de caráter mais positivistas que marcaram o cenário do século XX e que, em geral, são refratárias às visões científicas que consideram que elementos subjetivos [e a religião tem aí o seu forte] possam fazer parte do processo científico criativo. Para se opor ao fundamentalismo científico, congraçamo-nos com autores como Marcelo Gleiser, cientista de renome e conhecido divulgador dos temas científicos para o público não especializado. O referido autor afirma que

> A religião teve (e tem!) um papel crucial no processo criativo de vários cientistas. Copérnico, o tímido cônego que pôs o Sol novamente no centro do cosmo, era mais um conservador do que um herói das novas ideias heliocêntricas. Kepler, que nos ensinou que os planetas se movem ao redor do Sol em órbitas elípticas, misturava, de forma única, misticismo e ciência. Galileu, o primeiro a apontar o telescópio para as estrelas, era um homem religioso (e muito ambicioso), que acreditava poder salvar sozinho a Igreja católica de um embaraço futuro. O universo de Newton era infinito, a manifestação do poder infinito de Deus. Einstein escreveu que a devoção à ciência era a única atividade verdadeiramente religiosa nos tempos modernos (GLEISER, 1997, pp. 12-13).

---

[3] Na relação entre política e religião, é exemplar o título de um artigo que analisou o contexto das décadas de 1960 e 1970, chamado "Fundamentalismo à direita e à esquerda", de Rubem Cesar Fernandes. *Tempo e presença* (29), agosto de 1981, pp. 13-55.

Em uma perspectiva mais jornalística e testemunhal, há um significativo texto do biólogo norte-americano Francis Collins, evangélico e diretor do Projeto Genoma Humano Internacional, que articula profunda e didaticamente a fé e as ciências. Trata-se do livro *A linguagem de Deus* (2007).

É fato também que nem sempre as reflexões nesse campo priorizam uma saudável articulação entre fé e ciências, ou ainda entre religião e ciências. Consideramos, por exemplo, um equívoco metodológico crucial o trabalho amplamente divulgado de Richard Dawkins, *Deus um delírio* (2007), por comparar aquilo que poderíamos chamar de "melhor" ciência com a "pior" teologia. Ou seja, a ciência que se consagrou pela profundidade das pesquisas históricas, antropológicas e cosmológicas, bem como dos dados mais apurados das propriedades físicas do universo, é colocada ao lado da teologia que considera literais os textos bíblicos e os julga concorrentes das explicações científicas sobre a origem e a natureza do universo. Tal correlação não nos parece uma metodologia adequada.

No quadro de pluralismo religioso e teológico, há perspectivas em que a ciência cosmológica e a reflexão teológica saem fortalecidas do debate, se forem consideradas suas visões convergentes, não obstante tensões e interpelações críticas.

Outra dimensão importante, encontrada nos percalços do confronto entre uma teologia crítica e aberta aos postulados científicos e as visões fundamentalistas, é o descompasso vivido na atualidade entre o que se tem chamado de "verdade modesta", ou líquida como indicado por Zygmunt Baumann, própria da cultura pós-moderna e a "verdade forte" do pensamento moderno. O fundamentalismo, contraditoriamente, é fruto do pensamento moderno, ainda que muitos o considerem pré-moderno, e, por isso, exacerba o antagonismo em relação a pensamentos de caráter relativista, como se espera o de uma teologia em diálogo com as ciências.

Não é preciso dizer que o fortalecimento de perspectivas fundamentalistas no campo religioso se dá, em geral, em contextos de crescimento do sofrimento humano e da degradação da vida resultante da inadequação de políticas públicas que gerem o bem-estar social, a sustentação e a dignidade da vida. Diante de quadros muitas vezes desoladores, emergem com intensidade as perguntas pela realidade do mal e do sofrimento. É fato que os fundamentalismos religiosos e políticos crescem nos setores médios e altos da sociedade, ou mesmo nas camadas escolarizadas e círculos universitários, tanto em países pobres como os latino-americanos quanto nos Estados Unidos e na Europa. Mas as respostas de caráter unívoco e imediatas em geral são mais bem acolhidas nos momentos de fragilidade social.

A dinâmica de globalização e de pluralismo por que passa a sociedade contemporânea afetou vários segmentos da sociedade, e de forma especial a religião. Os fundamentalismos, por exemplo, encontram-se diante de um desafio: dialogar com outros grupos e rever conceitos que já não fazem sentido no contexto atual. Para as práticas religiosas, assim como para as análises científicas sobre a religião, a comunicação dialógica se faz necessária e o alargamento das fronteiras é imprescindível. Dificilmente haverá espaço na sociedade para interpretações singulares e herméticas, que privilegiam determinadas tradições. Uma das tendências na sociedade é que o diferente pode e deve ser alcançado, respeitado e incluído em uma nova configuração plural ao invés de exclusivista. O fato é que o ser humano

> diante da "contaminação cognitiva" favorecida pela globalização e a insegurança que acompanha a incidência do pluralismo sobre as estruturas de plausibilidade dos sujeitos concretos, dois desdobramentos podem ocorrer. De um lado, a demarcação de identidades particulares, ou seja, o refúgio em universos simbólicos que favoreçam a impressão de uma unidade coerente e compacta da realidade social. De outro, a abertura à "mestiçagem cultural", a negociação ou intercâmbio cognitivo com o horizonte da alteridade (TEIXEIRA, 2008, pp. 69-70).

Fechamento fundamentalista ou diálogo e aceitação do outro – o quadro religioso brasileiro está fortemente marcado por esse dilema.

Considerações finais

O caminho até aqui trilhado mostra como as lógicas plurais e de "fronteiras" são mais adequadas para o alargamento metodológico buscado na teologia e nas ciências da religião. Nessa perspectiva, tentamos construir um quadro de identificação dos principais aspectos da complexa realidade social e religiosa que hoje enfrentamos e que desafiam fortemente a produção teológica latino-americana e os estudos em torno da religião.

De forma mais específica, procuramos identificar os aspectos do quadro religioso brasileiro atual que consideramos mais importantes para uma compreensão das possibilidades e dos limites do pluralismo religioso. Entre os aspectos vistos estão: (i) a relação da matriz religiosa e cultural brasileira com as marcas do pluralismo religioso atual; (ii) os processos de privatização das experiências religiosas, especialmente como o fato econômico intervém nas experiências religiosas; (iii) os processos de secularização e as novas formas religiosas, incluindo as formas de trânsito religioso e o lugar das mídias no processo religioso; e (iv) a relação entre as expressões de fundamentalismo e de pluralismo. Para efetuar tais análises, recorremos à concepção de *diferença cultural,* de *alteridade,* de *interculturalidade* e de *entrelugar.*

Nossas análises visam ao reforço de uma lógica plural nas análises da religião. As consequências desse alargamento para o conjunto da sociedade, tanto em relação às perspectivas teóricas de análise sociocultural quanto ao destaque de novas práticas culturais e religiosas, que possam ser mais dialógicas e marcadas pela alteridade, fortalecem os processos de humanização e de democracia.

Outra perspectiva importante que apresentamos é a de que as reflexões em torno da relação entre religião e cultura precisam estar atentas às mudanças econômicas, em especial às propostas e às ênfases totalizantes e hegemônicas do capitalismo que reforçam as culturas do individualismo e do consumismo. Ao mesmo tempo, é preciso levar em consideração, com redobrada atenção, a complexidade da realidade cultural e a necessidade de compreensões mais amplas a respeito dela, as quais não sejam reféns de uma visão meramente bipolar "dominantes x dominados". Daí o recurso aos estudos culturais, pois eles partem da necessidade de se superar as visões dicotômicas e dualistas.

Dentro da visão crítica do pensamento pós-colonial, destacamos o trabalho fronteiriço da cultura, que requer um encontro com "o novo" que não seja mera reprodução ou continuidade de passado e presente. Ele renova e reinterpreta o passado, refigurando-o como um "entrelugar" contingente, que inova, interrompe e interpela a atuação do presente, valorizando as diferenças culturais e religiosas.

Também destacamos o horizonte hermenêutico e de intervenção social a partir da possibilidade de "negociação" da cultura ao invés de sua "negação", comum nas posições dicotômicas e bipolares. Trata-se, como vimos, de uma temporalidade forjada nos entrelugares e posicionada no "além", que torna possível conceber a articulação de elementos antagônicos ou contraditórios e possibilita novas realidades, ainda que sejam híbridas, sem forte coerência racional interna, mas nem por isso desprovida de alteridade e de potencial transformador e utópico.

Referências

BENJAMIN, Walter. *O capitalismo como religião*. São Paulo: Boi Tempo, 2013.

BHABHA, Homi K. *O local da cultura*. Belo Horizonte: Editora UFMG, 2001.

BITTENCOURT FILHO, José. *Matriz religiosa brasileira*; religiosidade e mudança social. Petrópolis, Vozes, 2003.

BRANDÃO, Carlos Rodrigues; PESSOA, Jadir de Morais. *Os rostos de Deus do outro.* São Paulo: Loyola, 2005.

CAMURÇA, Marcelo. *Ciências Sociais e Ciências da Religião.* São Paulo: Paulinas, 2008.

CANCLINI, Nestor. *Consumidores e cidadãos*; conflitos multiculturais da globalização. Rio de Janeiro: UFRJ, 1996.

COLLINS, Francis. *A linguagem de Deus.* São Paulo: Ed. Gente, 2007.

DAWKINS, Richard. *Deus um delírio.* Rio de Janeiro: Companhia das Letras, 2007.

FORNET-BETANCOURT, Raul. *Religião e interculturalidade.* São Leopoldo: Nova Harmonia & Sinodal, 2007.

FUKUYAMA, Francis. *O fim da história e o último homem.* Rio de Janeiro: Rocco, 1992.

HINKELAMMERT, Franz. *A maldição que pesa sobre a lei;* as raízes do pensamento crítico em Paulo de Tarso. São Paulo: Paulus, 2012.

LÖWY, Michael. *A guerra dos deuses*; religião e política na América Latina. Petrópolis: Vozes, 2000.

MOREIRA, Alberto da Silva. O futuro da religião no mundo globalizado. In: MOREIRA, Alberto da Silva; DIAS DE OLIVEIRA, Irene (org.). *O futuro da religião na sociedade global.* São Paulo: Paulinas/UCG, 2008.

STEIL, Carlos Alberto. Oferta simbólica e mercado religioso na sociedade global. In: MOREIRA, Alberto da Silva; DIAS DE OLIVEIRA, Irene (org.). *O futuro da religião na sociedade global.* São Paulo: Paulinas/UCG, 2008.

TEIXEIRA, Faustino. O Fundamentalismo em tempos de pluralismo religioso. In: MOREIRA, Alberto da Silva; DIAS DE OLIVEIRA, Irene (orgs.). *O futuro da religião na sociedade global.* São Paulo: Paulinas/UCG, 2008.

Fé e pluralismo religioso: antecedentes na teologia de Paul Tillich

Introdução

O tema "fé e pluralismo religioso" vem ganhando destaque no debate acadêmico atual. Em parte, tal ênfase se dá como resposta à realidade sociocultural na qual encontramos nas últimas décadas maior visibilidade da diferença religiosa, no Brasil e no mundo, maior intensidade no debate sobre religião e democracia, especialmente dos temas ligados à laicidade do Estado, mas também a ambiguidade de termos, e, ao mesmo tempo, situações conflitivas e busca de diálogo entre grupos religiosos distintos em diferentes áreas da vida social.

Esse quadro realça a constatação de que a teologia ecumênica das religiões vem ganhando relevo no debate atual. As raízes dessa preocupação teológica adquiriram densidade ainda no século XIX, quando os esforços missionários do mundo protestante na Ásia, na

África e na América Latina, motivados pelo liberalismo teológico, descortinaram as questões ecumênicas e, mesmo em meio às propostas verticalistas de missão, suscitaram oportunidades de diálogo inter-religioso, processos de aprendizagem e fermentação de uma teologia ecumênica. Essas perspectivas, ainda que fragmentariamente, percorreram o século XX e desaguaram em fontes teológicas riquíssimas, como a de Paul Tillich (1886-1965), por exemplo. É dele o célebre texto "O significado da história das religiões para um teólogo sistemático", conferência realizada dias antes de seu falecimento e publicada em *The Future of Religions* (1966).

No campo católico, sob os influxos dos ventos renovadores do Concílio Vaticano II (1962-1965), diversas experiências de diálogo inter-religioso e de reflexão teológica sobre os temas emergentes dessa aproximação se fortaleceram. Teólogos como Karl Rahner, Hans Küng, Yves Congar e Edward Schillebeeckx forjaram novas perspectivas teológicas que, décadas mais tarde, passaram a ser aprofundadas e revisadas. Há, desde os anos 1990, um florescer de novas concepções teológicas oriundas das preocupações com o encontro e o desencontro do Cristianismo com as demais religiões.

O século XXI, no tocante às questões do pluralismo religioso, começou de forma paradigmática. As repercussões dos conflitos políticos e econômicos entre Oriente e Ocidente, simbolizados na destruição das "Torres Gêmeas" no dia 11 de setembro de 2001, fizeram por despertar ainda mais a consciência em relação à importância de uma teologia das religiões ou de reflexões em diferentes áreas sobre o pluralismo religioso. Não se trata, aqui, de supervalorizar o papel e o lugar dos Estados Unidos, palco do referido evento, mas, de fato, com o ataque e os desdobramentos dele o tema das religiões ganhou evidência. Contraditoriamente, a dimensão ecumênica foi reforçada, uma vez que vários grupos e lideranças islâmicas do mundo inteiro, incluindo o Brasil, tiveram, por exemplo, espaços, tanto na mídia como em setores acadêmicos e eclesiais, para partilhar a fé e ressaltar, entre outros aspectos, que o Islamismo é uma religião de paz.

Pluralismo e libertação

Tais repercussões deram maior densidade e visibilidade ao debate teológico e ecumênico.

Os desafios não pararam por aí. A perspectiva pluralista das religiões interpela fortemente o contexto teológico latino-americano, especialmente pela sua vocação libertadora e pelos desafios que advêm de sua composição cultural fortemente marcada por diferenças religiosas que se interpenetram nas mais diferentes formas. A Teologia Latino-Americana da Libertação, dentre os seus muitos desafios, tem elaborado uma consistente reflexão sobre os desafios do pluralismo religioso. O marco dessas reflexões foi a publicação da série "Pelos muitos caminhos de Deus", de cinco volumes, sob os auspícios da Associação dos Teólogos e Teólogas do Terceiro Mundo (ASETT).

Diante desses aspectos, nosso objetivo nesse momento é refletir sobre a temática sob a ótica da teologia de Paul Tillich, consciente de que o contexto em que esse renomado teólogo refletiu é distinto do atual, mas que ele indicou caminhos que podem ser repisados e repensados tendo em vista o encontro entre fé e pluralismo religioso.

1. O legado de Paul Tillich

Embora Tillich não se tivesse proposto formular uma teologia das religiões, há em sua produção teológica demonstrações relevantes dessa preocupação. A primeira foi a elaboração, em conjunto com Mircea Eliade, de "um tipo de teologia fundamentada na revelação universal de Deus na história das religiões", que, todavia, é "purificada pelo evento do Cristianismo enquanto religião particular" (BRAATEN, 1986, p. 27). Outra, foi o desejo dele, já no final de sua vida, de interpretar sua *Teologia sistemática* a partir da história das religiões (TILLICH, 1966). Mesmo por ocasião da produção dessa obra, o autor já indicava que, do ponto de vista metodológico, um sistema teológico necessita ser elaborado e refletido sempre em confronto com as questões advindas das críticas do pensamento secular, por um lado, e em diálogo criativo com o pensamento teológico de outras religiões, por outro. Além disso, é necessário considerar a relação entre catolicismo e protestantismo.

Nas palavras de Mircea Eliade:

> Na sua Teologia sistemática Tillich se dirigiu ao ser humano ocidental moderno, apegado à história e totalmente envolvido no mundo secular da ciência e tecnologia. Ele sentiu que uma nova teologia sistemática era necessária – uma teologia que leve em consideração não apenas a crise existencial e o vácuo religioso das sociedades ocidentais contemporâneas, mas também as tradições religiosas do mundo primitivo e da Ásia, junto com suas recentes crises e traumáticas transformações (ELIADE, 1966, p. 31).

É oportuno afirmar mais uma vez que o contexto da produção teológica de Tillich fazia ressaltar uma preocupação central com a crítica "ateia" da religião, em especial a partir do existencialismo, do freudianismo e do marxismo. No contexto atual, em especial o latino-americano, o pensamento cristão necessita, além de pressupor os referidos questionamentos, debruçar-se nas questões que emergem com a explosão religiosa no mundo inteiro. Trata-se da "difícil passagem interpretativa da modernidade para a pós-modernidade" (GEFFRÉ, 1994, p. 268).

Nesse aspecto, seguimos a tese de Luiz Guilherme Kochem Mathias, "Teologia sistemática e religiões mundiais: aproximações tillichianas ao tema da pluralidade religiosa" (2013), recentemente defendida na UFJF (Universidade Federal de Juiz de Fora), a qual demonstra que, para a compreensão do tema pluralismo religioso em Tillich, devemos considerar não apenas o período da década de 1960, mas também os anos que antecederam à famosa viagem de Tillich ao Japão. É fato que no referido período a produção realizada apresenta traços que podem ser considerados os mais significativos, em se tratando da aproximação de Tillich à temática da pluralidade religiosa, mas ainda assim estaríamos desconsiderando as fontes de onde emergiram. É comum, se focarmos a década de 1960, os últimos cinco anos da vida de Tillich, como se o tema do pluralismo religioso

Pluralismo e libertação

fosse, a partir desse período, novidade no seu pensamento teológico. Todavia, a referida tese mostrou que tal tarefa, além de incompleta, acabaria por se apresentar como insipiente porque não levaria em conta a produção sistemática de Tillich, ou mesmo a presença contínua da história da religião no pensamento dele, a preocupação com as quase-religiões (comunismo, nacionalismo e humanismo), o que em último desdobramento poderia levar-nos até mesmo a contrapor esta última fase de sua produção intelectual à anterior, como se a Teologia sistemática tivesse sido um trabalho equivocado ou ultrapassado e que agora, em vias de ser superada, Tillich iniciaria um trabalho de fato significativo. O que se defende, por exemplo, é que a viagem de Tillich ao Japão não foi o começo, mas um dos pontos altos do crescente interesse do autor que se vai transformar em textos e atividades acadêmicas na década de 1960. Mas as suas raízes podem ser rastreadas retomando o caminho até os anos alemães de Tillich. Essa é, em síntese, a tese de Mathias (2013).

2. A dimensão do diálogo

Paul Tillich, como temos visto, ofereceu, com sua teologia da cultura, um testemunho da natureza não totalitária do Cristianismo. Ele fez a crítica ao absolutismo eclesiocêntrico da Igreja Católica Romana e à perspectiva exclusivista de Karl Barth, no contexto teológico protestante. Não obstante, questionou o modelo inclusivista, ao indicar a necessidade de se ressaltar o caráter absoluto do Cristianismo como uma religião histórica. A produção teológica de Tillich poderia ser um caminho para se repensar os modelos consagrados de teologia das religiões que se assentam nas expressões do exclusivismo, do inclusivismo e do relatismo, abrindo-se, portanto, à visão pluralista (DUPUIS, 1993, pp. 75-88).

Tillich destacou, ao mesmo tempo, a importância do caráter normativo da cristologia para a teologia das religiões. Dessa forma, não se pode confundir o caráter particular do Cristianismo como uma religião histórica com o caráter particular de Cristo como mediador do absoluto na história (GEFFRÉ, 1994, p. 271).

Para desenvolver essas perspectivas, Tillich reflete sobre o paradoxo do Cristianismo baseado na "Palavra que se fez carne". Outra dimensão, igualmente paradoxal, é o Cristianismo como religião histórica ser também compreendido como religião de revelação final. Para discernir tais paradoxos, Tillich recorre à concepção teológica da preocupação última e suprema (*Ultimate Concern*) como o critério de encontro entre religiões. O ponto culminante desses debates é a questão salvífica. Ela é crucial para o diálogo inter-religioso, assim como para uma teologia das religiões.

Tillich, na referida conferência "O significado da história das religiões para um teólogo sistemático" (1965), apresenta cinco pressuposições sistemáticas para a abordagem teológica das religiões. A primeira é que as experiências de revelação são universalmente humanas. As religiões são firmadas sobre algo que é dado para o ser humano onde quer que ele viva. A ele é dada uma revelação, um tipo particular de experiência, o qual sempre implica um poder salvífico. Revelação e salvação são inseparáveis, e há poder de revelação e de salvação em todas as religiões.

O segundo aspecto é que a revelação é recebida pelo ser humano nas condições de caráter alienado que possui e na situação humana finita e limitada. A revelação é sempre recebida em uma forma distorcida, especialmente se a religião é usada como "meio para um fim" e não como um fim em si mesma.

Em toda a história humana, não há somente experiências revelatórias particulares, mas sim um processo revelatório no qual os limites de adaptação e as deficiências de distorção são sujeitos à crítica, seja mística, profética ou secular. Esse é o terceiro pressuposto.

O quarto é que há um evento central na história das religiões que une os resultados positivos dessa crítica e que nele e sob ele as experiências revelatórias acontecem. Um evento, portanto, que faz possível uma teologia concreta com um significado universal.

O último pressuposto é que a história das religiões, em sua natureza essencial, não existe ao lado da história da cultura. O sagrado não está ao lado do secular, mas ele é a sua profundidade. O sagrado é o chão criativo e ao mesmo tempo um juízo crítico do secular.

Com esses pressupostos, Tillich oferece indicações para uma teologia das religiões, entre as quais três estão relatadas a seguir. A compreensão do autor é que essa teologia reúne uma crítica e uma valorização positiva da revelação universal. Ambas são necessárias. A teologia das religiões, na visão de Tillich, ajuda os teólogos sistemáticos a entenderem o presente momento e a natureza do próprio lugar histórico do fazer teológico, tanto no caráter particular do Cristianismo como na reivindicação de universalidade deste.

2.1. O paradoxo da encarnação

O caráter paradoxal do Cristianismo origina-se no paradoxo "a Palavra se fez carne". Compreende-se o significado da expressão "paradoxo" no fato de um evento transcender todas as expectativas e possibilidades humanas. Essa é a perspectiva de Tillich sobre a encarnação.

Tillich indicou que o caráter revelatório "em Jesus como o Cristo" – como centro da história – confere ao Cristianismo um progresso em relação à revelação final. Todavia, essa noção de progresso será relativizada em função da preocupação última já respondida nesse evento revelatório, que rompe o poder demônico na realidade. Nesse sentido, fica excluída a concepção de um progresso horizontal como fim da história e ressaltada a noção de uma interação vertical da Presença Espiritual na história. Para as teologias de corte político como a latino-americana, tal crítica é fundamental para conter desvios idolátricos.

A função essencial de Cristo como o Novo Ser é salvar a humanidade de sua alienação e renovar o universo. É em Jesus, confessado como o Cristo, que o Novo Ser, o qual é o princípio da transformação de toda a existência histórica e da renovação da criação, é manifestado. Trata-se de afirmar que "se alguém está em Cristo, é nova criatura; as coisas antigas já passaram; eis que se fizeram novas" (2 Coríntios 5,17).

Ao mesmo tempo, é o Novo Ser em Jesus, como o Cristo, que constitui a norma material da *Teologia Sistemática* (TILLICH, 1951, p. 50). Nesse sentido, Tillich, mais do que situar-se na perspectiva da justificação pela fé (como fez Lutero), orienta sua teologia na perspectiva da nova criação – o que, mais uma vez, abre perspectivas para o diálogo com a teologia latino-americana, uma vez que esta, desde as suas primeiras produções, enfatiza o surgimento do novo, a transformação social e a tematização, no campo pastoral, da visão bíblica do "novo céu e da nova terra".

Com isso, o teólogo não estimula a eliminação do paradoxo cristológico em benefício de um maior teocentrismo ecumênico; ao contrário, é precisamente na confissão de Jesus ser o Cristo que há a chance de assegurar para o Cristianismo o diálogo não autoritário. Há uma particularidade (Jesus) conectada a uma universalidade (Cristo) que mantém o Cristianismo como religião singular, na medida em que atesta a revelação final. Tal revelação é inseparável do mistério da morte e da ressurreição; e o significado último dela, firmado na doutrina de Cristo como o Novo Ser, é encontrado na cruz.

A particularidade singular e relativa do Cristianismo é possibilitada pela cruz. Ela é a condição da glória. A cruz tem um valor simbólico universal, uma vez que o Cristo ressurreto livra a pessoa de Jesus de um particularismo, que faria dele propriedade de um povo particular.

A perspectiva teológica do martírio e do sofrimento humano – ênfase constante na teologia latino-americana – constrói bases comuns de encontro das religiões, pois são experiências que abrangem a universalidade da dimensão humana. Ao mesmo tempo, a cruz e o martírio podem ser elementos de discernimento das propostas religiosas. No caso latino-americano, as experiências relacionadas à teologia de prosperidade, como são conhecidas, tendem, por exemplo, a omitirem ou camuflarem ideologicamente a perspectiva da cruz.

O Cristianismo é baseado, portanto, em uma ausência (o túmulo vazio). E é essa consciência do vazio que oferece condições para o relacionamento com o outro. Nesse sentido, o diálogo com outras religiões é uma vocação cristã (GEFFRÉ, 1994, pp. 273-275).

A realidade latino-americana, por suposto, requer um aprofundamento dessas questões, em especial pela diversidade e pela afirmação religiosa, nas últimas décadas do século XX, de diferentes agrupamentos, especialmente os que valorizam as raízes africanas e indígenas.

2.2. O paradoxo do Cristianismo como a religião da revelação final

Realização histórica alguma constitui a essência do Cristianismo; este é essencialmente um protesto contra um conceito histórico de essência. Isso quer dizer que a essência do Cristianismo não coincide com qualquer de suas realizações históricas e que ela pode ser encontrada em outras religiões que não o Cristianismo.

As práticas religiosas exclusivistas e o eclesiocentrismo que por vezes configuram o pensamento e as práticas das Igrejas são combatidos pela noção de que a Comunidade Espiritual – conceito caro à Tillich – é criada pela Presença Espiritual e não por mera iniciativa humana, e se revela na humanidade, tanto em grupos seculares como em diferentes religiões, e não apenas nas formas históricas das Igrejas cristãs.

Nesse sentido, para Tillich, há historicamente uma tensão entre a verdade e a superioridade do Cristianismo. O paradoxo consiste na declaração de que o Cristianismo como religião da revelação final nega o clamor de incondicionalidade por parte de qualquer religião particular, a começar pelo próprio Cristianismo. Trata-se de uma preocupação última que possibilita a distinção entre a essência da revelação e sua forma concreta e histórica.

O paradoxo da perfeita revelação consiste no fato de que ela precisa reconciliar em seu interior os elementos de realização concreta e o protesto perturbador que nega tal realização. O que dificulta o diálogo inter-religioso é que cada religião quer possuir a revelação final, a revelação do Absoluto. No caso do Cristianismo, a missão da Igreja não é converter as pessoas para a própria Igreja e, sim, ao contrário, convertê-las para a natureza incondicional da revelação final. Na superação dessa tensão encontram-se possibilidades de aproximação e de diálogo entre as religiões.

Tillich indica que as experiências revelatórias em todas as religiões são participações fragmentárias na unidade transcendente do que ele chamou de vida sem ambiguidades (GEFFRÉ, 1994, p 277-280). Isso se encontra, sobretudo, nos conceitos de Comunidade Espiritual latente e manifesta, os quais relativizam a identificação destes com as Igrejas cristãs.

As Igrejas representam, ao mesmo tempo, a atualização e a distorção da Comunidade Espiritual. Atualização, porque as Igrejas se autocompreendem como efetivação do *Kairós* e possuem a vida baseada na vida transcendente e sem ambiguidade de Cristo. Distorção, porque como Igrejas participam na ambiguidade da religião e da vivência humana em geral. Nesse sentido, o encontro das temáticas eclesiológica e soteriológica representa para o contexto latino-americano um desafio teológico e pastoral de fundamental importância, devido à forte aceitação da máxima "Fora da Igreja não há salvação".

Pluralismo e libertação

2.3. A religião como preocupação última

Tillich indicou que a base religiosa universal é a experiência do santo dentro do finito. O santo, como realidade teológica e espiritual fundamental, surge nas coisas finitas e particulares, tanto nas concretas como nas universais. Ele é a base sacramental de todas as religiões. Pode ser visto e ouvido "aqui e agora", não obstante o seu caráter misterioso. A experiência do santo, como vivência do *Ultimate Concern*, é a convergência de todas as religiões e permite um critério comum para o diálogo inter-religioso (GEFFRÉ, 1994, pp. 281-285).

Todavia, a base sacramental do que é santo e último está sujeita, por sua finitude – como referiu-se Tillich – à demonização. Surge a mística, como movimento crítico, como um "para além de", como uma insatisfação com as expressões concretas do último, do santo. Este está além de qualquer corporificação. A concretização da experiência última é aceitável, mas possui caráter e valor secundários. Há uma reserva religiosa ao concreto, que evita formas de sacramentalismos e similares. O pluralismo religioso precisa ser discernido tendo como base tais perspectivas.

Há um terceiro elemento da experiência religiosa que é o profético. Com ele, a dimensão sacramental é criticada em função de eventuais consequências demoníacas, como a negação da justiça em nome da santidade, por exemplo. Trata-se do elemento ético, daquilo "que deve ser", da obrigação religiosa ao concreto, que evita o espiritualismo. No entanto, sem as dimensões sacramental e mística, a experiência religiosa torna-se moralismo e seculariza-se.

A relação positiva e negativa desses elementos – a saber: o santo, o místico e o profético – possibilita, à história das religiões, o caráter dinâmico; a todas as religiões, um *telos* interior, uma preocupação última. Mesmo com reservas à nomenclatura, Tillich sintetizou essa perspectiva como a "Religião do espírito concreto". Esta não pode ser jamais identificada com qualquer religião, nem mesmo com o

Cristianismo, mas está, fragmentariamente, no centro da direção e da orientação de todas as coisas.

O processo de concretização da experiência religiosa pode gerar, ao fim, um secularismo, uma vez que a crítica tende a atenuar ou mesmo eliminar o caráter sacramental e místico. Todavia, esse processo não se sustenta por si só, uma vez que não possui um sentido maior e último. Por isso, surge uma nova teonomia, ainda que fragmentariamente. É nesse processo que vivem as religiões (TILLICH, 1966, pp. 86-90).

Considerações finais

A vocação ecumênica, ao marcar as reflexões teológicas e pastorais, indica que o caráter de apologia, sectarismo ou exclusivismo é ou deve ser evitado. Deus é sempre maior do que qualquer compreensão ou realidade humana. Age livremente, em especial na ação salvífica. Nesse sentido, não é preciso estar excessivamente preocupado em descobrir quem é ou será salvo (para utilizar o imaginário comum dos cristãos); mas quem é e o que representa Jesus Cristo para a comunidade cristã. Esse patrimônio teológico é comum aos pensamentos de Tillich e da teologia latino-americana.

Como vimos, o debate entre fé e pluralismo religioso não pode se isentar do tema da salvação. A formação do sentido da salvação começa na ausência dele na humanidade. A vida humana depende, como indicou Paul Tillich, de "forças curadoras" que impeçam que as estruturas autodestrutivas da existência mergulhem na humanidade a ponto de provocar uma aniquilação completa (TILLICH, 1957, p. 166). A revelação de Deus encontra ressonância nessa busca humana. Daí a compreensão de salvação como cura, pois, ao encarnar-se, Deus reúne aquilo que está alienado e disperso. Trata-se de superar o abismo entre Deus e o ser humano, entre o ser humano com si mesmo, com o seu próximo e com a natureza.

A consciência religiosa, como preocupação última, afirma sempre a transcendência incondicional ao lado da concretude que torna possível o encontro humano-divino. Nesse sentido, o processo de salvação só é possível com uma mediação. No caso da fé cristã, Jesus Cristo "representa Deus junto aos homens, e os homens junto a Deus" (TILLICH, 1957, p. 169). Como o Novo Testamento registra: "Tudo provém de Deus, que nos reconciliou consigo mesmo por meio de Cristo e nos deu o ministério da reconciliação, a saber, que Deus estava em Cristo reconciliando consigo o mundo..." (2Coríntios 5,18-19).

A superação da ambiguidade humana encontra resposta na tensão vivida por Jesus Cristo entre as forças curadoras nele reconhecidas e as estruturas autodestrutivas da existência humana. Por isso, para a fé cristã, desafiada pelo diálogo decorrente do quadro de pluralismo religioso, o critério da salvação encontra-se em Jesus, o Cristo. Isso porque sua vida não oculta a limitação humana (objetiva) ao revelar a possibilidade da morte a ser assumida (objetivamente) pelos seres humanos e, ao mesmo tempo, possibilita a estes a participação (subjetiva) no poder de Deus ao vivenciar a superação da morte (subjetivamente) com o sentido da salvação.

Essa perspectiva de Tillich o remete à busca de um novo paradigma para a teologia das religiões. Trata-se da superação dos seguintes modelos: o que considera Jesus Cristo e a Igreja como caminho necessário para a salvação; o que considera Jesus Cristo como caminho de salvação para todos, ainda que implicitamente; e aquele no qual Jesus é o caminho para os cristãos, enquanto para os outros o caminho é a sua própria tradição. A perspectiva pluralista, que advogamos, possui como característica básica a noção de que cada religião tem a sua proposta salvífica e, também, de fé, que deve ser aceita, respeitada e aprimorada a partir de um diálogo e aproximação mútuos. Assim, a fé cristã, por exemplo, necessita ser reinterpretada a partir do confronto dialógico e criativo com as demais fés. O mesmo deve se dar com toda e qualquer tradição religiosa. Aqui, há um ponto de novidade que coloca a todos em constante desafio.

Referências

BRAATEN, Carl E. Paul Tillich e a tradição cristã clássica. In: TILLICH, Paul. *Perspectivas da teologia protestante nos séculos XIX e XX*. São Paulo: Aste, 1986, pp. 11-28.

DUPUIS, Jacques. O debate cristológico no contexto do pluralismo religioso. In: TEIXEIRA, Faustino Luiz Couto (org.). *Diálogo dos pássaros*. São Paulo: Paulinas, 1993, pp. 75-88.

ELIADE, Mircea. Paul Tillich and the History of Religions. In: TILLICH, Paul. *The Future of Religions*. New York: Harper&Row, 1966 (editado por Jerald C. Brauer).

GEFFRÉ, Claude. Paul Tillich and the future of interreligious ecumenism. In: Raymond F. BULMAN, Raymond; J. PARRELA, Frederick (ed.). *Paul Tillich*; a new catholic assessment. Collegeville/Minnesota: The Liturgical Press, 1994.

MATHIAS, Luiz Guilherme Kochem. Teologia sistemática e religiões mundiais; aproximações tillichianas ao tema da pluralidade religiosa. Tese de doutorado. São Paulo, Universidade Federal de Juiz de Fora, 2013.

TILLICH, Paul. *Systematic Theology*. Chicago: The University Chicago Press, vol. II, 1957.

_____. *The Future of Religions*. New York: Harper&Row, 1966 (editado por Jerald C. Brauer).

Perspectivas teológicas para uma aproximação ecumênica das religiões

Introdução

Um dos temas que mais tem interpelado a reflexão teológica na primeira década desse milênio é o papel das religiões nos processos de estabelecimento da paz, da justiça e da sustentabilidade da vida. Diversos círculos teológicos e cientistas da religião têm se debruçado no quadro sociorreligioso mundial para compreender não só os processos de abertura e de diálogo entre grupos de tradições religiosas distintas, em diversas frentes de ação, como também os processos de enrijecimento das perspectivas religiosas, com o fortalecimento de formas de caráter fundamentalista, com o aguçamento de conflitos e com o reforço de culturas de violência.

Nossas reflexões têm como eixo articulador a preocupação com a paz, a justiça e a integridade da criação. Para isso, é de fundamental

Perspectivas teológicas para uma aproximação ecumênica das religiões

importância analisar o valor do humano e da ética social para o diálogo inter-religioso, as possibilidades de uma unidade aberta, convidativa e integradora no âmbito das religiões, o potencial das religiões como códigos de comunicação e, ainda, como o diálogo entre elas influi na defesa dos direitos humanos e como ele redimensiona a missão cristã. Vejamos.

1. O valor do humano e da ética social para o diálogo inter-religioso

As grandes questões que afetam a humanidade e toda a criação requerem, por suposto, indicações teológicas consistentes. Como são diversas as indagações sobre a vida, em especial os temas que envolvem a paz e a justiça no mundo, são necessários eixos norteadores para que a reflexão teológica possua uma abrangência capaz de ser relevante diante dos desafios que a sociedade apresenta. A perspectiva ecumênica é um desses eixos. E, uma vez articulada com as dimensões sociais, políticas, econômicas e culturais, dentro dos variados contextos históricos, pode oferecer amplitude para o debate teológico dos temas emergentes no cenário global. Poucos teólogos conseguem essa articulação. Hans Küng é um deles.

Küng é autor de muitos livros, entre eles *Projeto de ética mundial: uma moral ecumênica em vista da sobrevivência humana* (1993) e *Religiões do mundo: em busca dos pontos comuns* (2004). Neste último, o autor procura compreender as religiões examinando os contextos sociais, políticos e históricos das expressões religiosas mais destacadas na atualidade. Hans Küng, a partir de uma prática significativa de diálogos, viagens a diferentes países, observações de variadas culturas, distingue três grandes correntes de religiões: as originárias da Índia, como o Hinduísmo e o Budismo, cuja figura-chave é o místico; as originárias da China, como o Confucionismo e o Taoísmo, cuja figura-chave é o sábio; e as originárias do Oriente Médio, como o Judaísmo, o Cristianismo e o Islamismo, cuja figura-chave é o profeta. A pressuposição básica de Küng pelo interesse nas religiões é que "não haverá paz entre as nações, se não existir paz entre as religiões. Não haverá paz entre as religiões, se não existir diálogo entre as religiões. Não haverá diálogo entre as religiões, se não existirem padrões éticos globais" (KÜNG, 2004, p. 17). Daí, temos a concepção do autor de que a verdadeira humanidade é pressuposto da verdadeira religião, e uma verdadeira religião é o aperfeiçoamento de uma verdadeira humanidade. Nas palavras do autor:

> De fato, a religião sempre se mostrou mais convincente – muito antes da ideia moderna de autonomia – quando ressaltou eficazmente o humano na perspectiva do Absoluto: basta citar o Decálogo ("Dez Mandamentos"), o sermão da montanha, o Corão, os discursos de Buda e a Bhagavadgita (KÜNG, 1999, p. 276).

Para Küng, as religiões, não obstante os conflitos, encontram-se num processo de uma nova reflexão sobre a vida, com um desenvolvimento positivo dos processos de humanização. Ele retoma, assim, a declaração da Conferência Mundial das Religiões pela paz, em Kyoto (Japão), em 1970:

> Quando estivemos juntos para tratar do importantíssimo tema da paz, descobrimos que as coisas que nos unem são mais importantes do que as coisas que nos separam: uma profunda convicção da unidade fundamental da família humana e da igualdade e dignidade de todos os seres humanos; um sentimento da inviolabilidade do indivíduo e de sua consciência; um sentimento de valor da comunidade humana; a consciência de que o poder não se identifica com a justiça, de que o poder humano não é autossuficiente nem pode ser absoluto; a crença de que o amor, a misericórdia, o altruísmo e a força do espírito e da sinceridade têm mais poder a longo prazo do que o ódio, a inimizade e o egoísmo; um sentimento de compromisso a favor dos pobres e oprimidos, e contra os ricos e opressores; e uma profunda esperança de que finalmente triunfará a boa vontade (KÜNG, 1999, p. 278).

Em *Teologia a caminho: fundamentação para o diálogo ecumênico* (1999), Hans Küng apresenta uma plataforma teológica que possa responder às questões que emergem na pós-modernidade, com

Perspectivas teológicas para uma aproximação ecumênica das religiões

destaque para os aspectos básicos de uma teologia ecumênica, vistos por ele não como conteúdos ao lado de outros, mas como método teológico. Daí o significativo título do livro: "teologia a caminho".

Na primeira parte da obra, ele analisa os conflitos clássicos da experiência ecumênica cristã, como os instaurados no período da Reforma Protestante no século XVI e os relativos à tensão entre as interpretações da Bíblia e a tradição das Igrejas.

A segunda parte é dedicada às questões de natureza metodológica, baseada na mudança de paradigma na teologia e nas ciências, conforme o legado de Thomas Kuhn. Nesse sentido, são apresentados tanto o paradigma do tradicionalismo católico como as renovações efetuadas no século XX, sobretudo por Karl Rahner, no contexto católico romano, e por Karl Barth, no contexto evangélico, para se inventariar processos que culminam com uma referência teológica para o paradigma pós-moderno, cujo perfil é o de uma teologia ecumênica crítica. Para Hans Küng, tal perspectiva possui

> uma tradução muito concreta: uma teologia que, numa nova era, procura ser *ao mesmo tempo*: 1) "Católica", continuamente preocupada pela "totalidade", pela "universalidade" da Igreja e, ao mesmo tempo, "evangélica" em estrita referência à Escritura e ao Evangelho. 2) "Tradicional", sempre responsável perante a história, e, ao mesmo tempo "de acordo com a época", encarando seriamente os problemas do presente. 3) "Cristocêntrica", em todo momento cristã, *e*, ao mesmo tempo, "ecumênica", aberta à *ecumene*, a todo mundo habitado, todas as igrejas, religiões e regiões. 4) Teórico-científica, dedicada à doutrina e à verdade, *e*, ao mesmo tempo prático-pastoral, preocupada com a vida, com a renovação e com a reforma (KÜNG, 1999, p. 238).

Intitulada "Por uma teologia das grandes religiões", a terceira parte da obra parte da pressuposição de que "a concórdia entre as religiões é condição prévia para a paz entre as nações". Defende-se a ideia e se estabelece, ainda que preliminarmente, que uma análise global da situação religiosa atual é urgente e necessária, tanto para a compreensão do contexto religioso em geral, e o de cada expressão religiosa em particular, quanto para a análise dos antagonismos, paralelismos, divergências e convergências no diálogo entre religiões. Nessa análise surgem com força duas dimensões dialéticas em que a verdadeira humanidade, entendida como respeito da dignidade e dos valores fundamentais do ser humano, é pressuposto de verdadeira religião, e uma verdadeira religião, como expressão de um sentimento global, de valores supremos e obrigatoriedade incondicional, é o aperfeiçoamento de uma verdadeira humanidade.

Hans Küng relembra que "nenhuma religião possui *toda* a verdade. *Apenas* Deus possui a *verdade plena*... Só o próprio Deus – qualquer que seja o seu nome – *é* a verdade" (KÜNG, 1999, p. 290). Ele também afirma que

> todas as religiões devem ser mais sensíveis às exigências do humano. Este patrimônio humano de todos os homens é um critério ético geral, válido para todas elas em seu conjunto. Mas as religiões também devem lembrar-se continuamente (...) de sua *essência primitiva*, que resplandece em suas origens, em seus escritos canônicos e em suas instituições básicas. Ao mesmo tempo deverão estar muito atentas a seus críticos e reformadores, profetas e sábios, que lhes lembram constantemente as infidelidades a sua verdadeira essência ou a sua traição à mesma (KÜNG, 1999, p. 280).

Para Küng, o humano é o critério ético geral; consideradas as suas relações fundamentais de alteridade: com o outro, com a história, com a natureza, com o cosmo e com o transcendente. Quando um grupo religioso compara sua própria religião com as outras, mas também quando reflete sobre os próprios equívocos e abusos, abre-se a possibilidade de se apresentar para todas as religiões a pergunta sobre critérios do verdadeiro e do bom, isto é, *critérios comuns*, que possam ser aplicados a todas as religiões. Tal perspectiva não pode perder de vista o problema dos direitos dos povos e as questões que envolvem a crise planetária.

Perspectivas teológicas para uma aproximação ecumênica das religiões

2. Por uma teologia que vislumbre uma unidade aberta, convidativa e integradora

As lógicas de dominação que ganharam força no período moderno, não obstante todos os avanços nos processos de humanização, de consciência social e política críticas e de despertamento para as questões ecológicas que afetam a vida, geraram culturas autoritárias, pouco dialógicas e legitimadoras das formas de exclusão social. Tais lógicas, como se sabe, afetaram e foram afetadas pelas experiências religiosas.

Entre diversos pensadores que buscam reflexões de caráter mais global, está Jürgen Moltmann, que é um dos nomes mais destacados no campo teológico na atualidade. Uma questão que se tem revelado crucial no pensamento teológico do autor são os temas ecológicos. Tal preocupação, fundamental para o diálogo ecumênico, perpassa também textos sistemáticos como *Deus na Criação: doutrina ecológica da criação* (Petrópolis: Vozes, 1992), *Ciência e sabedoria: um diálogo entre ciência natural e teologia* (São Paulo: Loyola, 2007) e *O espírito da vida: uma pneumatologia integral* (Petrópolis: Vozes, 1998). Essa visão impulsiona o autor a refletir sobre a paz mundial e o diálogo entre as religiões.

Em *Experiências de reflexão teológica: caminhos e formas da teologia cristã* (2004), Moltmann articula as perspectivas do seu método teológico com a sua trajetória de vida, como lhe é peculiar no seu trabalho intelectual. Nesse sentido, então, ganham destaque os temas e caminhos teológicos marcados pelas experiências de diálogo e de aproximação ecumênica.

Moltmann apresenta os lugares da existência teológica, com destaque para a lógica plural que leva em conta simultaneamente as experiências pessoais e comunitárias, eclesiais e seculares, cristãs e não cristãs. Nesse sentido, o autor considera fundamental para o método teológico que haja articulação entre: (a) a dimensão acadêmica e a popular, para não permitir que a teologia se distancie das situações fundamentais da vida e assim perca a sua dimensão pública e a sua referência ao Reino de Deus; (b) entre as visões confessionais e as críticas ateístas à teologia e à religião, pois o caráter antiteológico da crítica moderna à religião (cf. Nietzsche, Marx e Freud) pode se tornar significativamente teológico, na medida em que revela o desejo humano mais profundo; e (c) entre as visões de diferentes religiões, pois elas aguçam a capacidade de se aprender a dialogar e a identificar os pontos de conflitos visando à paz.

A hermenêutica da esperança, traço fundamental da teologia de Moltmann, é apresentada na obra dentro das perspectivas já por ele consagradas: a lógica da promissão e a aliança divino-humana, esperança e futuro e a metáfora do futuro esperado e desejado. Tal perspectiva fundamenta teologicamente as possibilidades históricas de diálogo ecumênico e os projetos de paz no mundo.

Moltmann distingue duas formas de diálogo entre as religiões. O direto, que trata da confrontação das diferentes concepções religiosas acerca da transcendência e da salvação, da compreensão do ser humano e da natureza. Esse se dá mais efetivamente nas chamadas "religiões mundiais", em geral firmadas em argumentações lógicas e verbais em função de certo preparo por serem "religiões do livro". É comum que "religiões naturais" que se estabelecem fora da lógica ocidental em diferentes continentes não estejam representadas nessa forma de diálogo. Moltmann, contudo, destaca o diálogo indireto, que por sua natureza envolve as religiões de forma mais ampla, indo além das expressões religiosas mais racionais e ocidentalizadas. Essa forma de diálogo

> tem lugar atualmente no nível local sobre questões sociais e no nível mundial sobre questões ecológicas. Não se trata aí de um intercâmbio de ideias religiosas, mas do reconhecimento comum das atuais ameaças letais ao mundo e da busca por caminhos comuns para escapar delas. O que fizeram as "religiões mundiais" para justificar a moderna destruição do mundo? O que podem elas fazer para salvar a terra comum?

> Onde há forças hostis à vida, dispostas à violência e destruidoras do mundo nas religiões, e que mudanças se fazem necessárias para transformar as religiões em forças da humanidade capazes de promover a vida e preservar o mundo? Esse diálogo é *indireto*, porque não estamos falando sobre nós mesmos ou uns sobre os outros, mas conjuntamente sobre um terceiro assunto. Encontramo-nos num diálogo indireto também quando buscamos o diálogo inter-religioso para descobrir um "etos mundial" para a "paz mundial" (MOLTMANN, 2004, p. 30).

O caráter ecumênico do método teológico de Moltmann se revela nos reflexos da teologia libertadora que ele apresenta na obra. Para isso, descreve as interpelações que a teologia negra nos Estados Unidos, a teologia da libertação surgida na América Latina, a teologia *miniung* da Coreia e a teologia feminista fazem ao método teológico. Ele considera que tais visões

> são imagens do mundo ocidental refletidas nos olhos de suas vítimas (...) e foram desenvolvidas bem conscientemente dentro do seu *contexto* político, social e cultural, no seu *kairós* historicamente condicionado e para a camada social, grupo ou comunidade caracterizada pela espoliação, opressão e alienação (MOLTMANN, 2004, p. 158).

No entanto, o autor também apresenta questões que tocam a radicalização da proposta libertadora ao situar a dinâmica da opressão também a partir do viés religioso, e pergunta: "Se as formas atuais de teologias contextuais da libertação levam para além do Cristianismo, onde fica então a sua identidade cristã?" (MOLTMANN, 2004, p. 251).

As reflexões culminam com a descrição da teologia cristã da Trindade, entendida como "lugar espaçoso" e inclusivo. Nela emerge o conceito pericorético da unidade e a experiência da comunhão. A unidade trinitária

> não é uma unidade fechada em si mesma, exclusiva, mas uma unidade aberta, convidativa e integradora, assim como Jesus ora ao Pai pelos discípulos em Jo 17,21 "(...) para que também eles estejam *em nós*". Essa coabitação dos seres humanos no Deus triuno corresponde perfeitamente à coabitação inversa do Deus triuno nos seres humanos" (MOLTMANN, 2004, p. 268).

Pluralismo e libertação

Essa visão corresponde a uma promissora base teológica para uma teologia ecumênica das religiões.

3. As religiões como códigos de comunicação

Muitos se perguntam sobre as possibilidades das religiões serem canais de diálogo e de promoção da paz e não fonte geradora de violência. As análises são as mais complexas possíveis e os fatos revelam bases para ambos os argumentos. Elas, por suposto, estão marcadas pelas condições econômicas e políticas. O teólogo Xavier Pikaza possui como uma de suas áreas de interesse o tema da violência em relação às religiões. Os resultados de suas pesquisas nesse campo por mais de duas décadas estão bem apresentados na obra *Violência e diálogo das religiões: um projeto de paz* (2008). A obra revela sua importância em especial pelo fato de ter sido elaborada dentro do contexto de preparação do *Parlamento das religiões do mundo* (Barcelona, 2004). Nela, o autor apresenta elementos teóricos para análise do potencial dialógico das religiões, assim como a força destrutiva e geradora da violência presentes nelas. Embora analítico, o livro se propõe também a ser uma plataforma teológica de paz que possa despertar a consciência adormecida de homens e mulheres que mesmo sendo religiosos toleram a violência.

As reflexões e pesquisas de Xavier Pikaza giram em torno de dois eixos e eles são apresentados na referida obra. O primeiro é o estudo da paz e da violência como realidades antropológicas. Ou seja, o ser humano nasceu de intensos processos de seleção natural e, com isso, se conservou determinados impulsos de viver a vida no confronto, discórdia e guerra com grupos ou espécies menos fortes. Como o processo evolutivo e seletivo gerou certo domínio para o humano, especialmente no controle da terra e dos astros, o foco destruidor voltou-se para o próprio humano.

Outro eixo de análise é o estudo das religiões propriamente dito, uma vez que mesmo que elas oscilem entre a violência e a paz, parece haver a tendência ou o anseio em cada uma delas de uma reconciliação universal. Nesse sentido, são necessários esforços de compreensão, especialmente dos elementos condicionantes e conjunturais das experiências religiosas como os projetos econômicos, particularmente, o capitalista, e os projetos políticos de perfil terrorista.

Esses dois eixos de pesquisa possibilitam um projeto de paz religiosa. A partir de vinte teses que fundamentam a sua proposição teológica pela paz, Xavier Pikaza defende que

> a paz é Palavra, não argumento. O argumento, enquanto palavra separada da vida, é uma ideologia que plana acima da humanidade, como uma lei que se impõe sobre ela. A Igreja [e *aqui poderíamos pressupor as religiões em geral e na particularidade de cada uma delas*], ao contrário, só pode oferecer paz sendo ela mesma palavra encarnada de paz (PIKAZA, 2008, p. 227, grifo nosso).

Em *Monoteísmo e globalização: Moisés, Jesus e Muhammad* (2002), Xavier Pikaza estuda o Cristianismo, o Judaísmo e o Islamismo dentro do quadro paradoxal da modernidade que gerou os processos excludentes de globalização econômica. As análises do autor indicam que as religiões podem contribuir para a crítica às formas de globalização desumanizada, que cresceu sob a égide do desenvolvimento técnico, do mercado e das comunicações, mas não produziu "um projeto de vida que se abra generosamente a todos, um espírito concorde, um código real de comunhão que nos permita dialogar com pessoas e alcançar a paz *universal*" (PIKAZA, 2008, p. 16).

As religiões não possuem soluções para os embates gerados pela globalização econômica, mas podem oferecer no plano simbólico e no plano prático dos diálogos suas inspirações proféticas e suas utopias sociais. As referidas religiões afirmam que Deus se revelou e que as comunidades que partilham desse processo revelatório respondem positivamente a ele, o que as leva ao caminho do mistério e da transcendência. Esse caminho se expressa em forma de encontro, de comunicação universal e de comunhão inter-humana, não obstante as ameaças da "ditadura" do sistema econômico e suas formas administrativas e, também, da luta de religiões.

No caso da fé cristã, Pikaza realça a contribuição que ela pode dar ao diálogo inter-religioso ao destacar, pelo menos, dois aspectos. O primeiro é que as religiões constituem âmbitos de gratuidade e de comunicação, não obstante as pressões ideológicas sectárias, de dominação e geradoras de violência. O segundo é que a visão trinitária cristã é fonte de alteridade, comunhão, abertura ao transcendente e despertamento do sentido de acolhida e de transmissão da vida; o que ele chama de "transbordamento".

> Este transbordamento não se traduz num puro voluntarismo ou ausência de relação, mas bem ao contrário: a transcendência do Deus das religiões (e em especial da cristã) suscita códigos de comunicação em gratuidade e abre espaços em que os humanos possam se encontrar, dando-se a vida e recebendo-a uns dos outros, em esperança de ressurreição. Externamente, as Igrejas ou comunidades religiosas podem ser comparadas com outras instituições sociais (nações e estados, grupos culturais e associações humanitárias etc.), mas têm algo diferente: a experiência de gratuidade (nada se compra nem se vende: Pai), o valor infinito das pessoas (vitória sobre a morte: Filho) e o gozo da comunhão que vale por si mesma (Espírito Santo) (PIKAZA, 2002, pp. 276-277).

Tal perspectiva afeta as relações entre religião e sociedade global; que, como sabemos, são diversas e complexas. Entre as manifestações que possam representar alternativas ao sistema econômico neoliberal, está o fato de as religiões se expressarem em comunidade de crentes e, com isso, vincularem presença de Deus e relação humana. Essa perspectiva reforça os espaços de convivência e caminhos mais livres de comunicação, pluralismo religioso, gratuidade e serviço à vida.

Nesse sentido, mais do que anunciar a morte das religiões ou o fortalecimento delas, o autor analisa o que chamou de missão monoteísta, caracterizada por uma retomada das raízes da experiência com Deus de cada uma delas e entre elas, em espírito de conversão e

Perspectivas teológicas para uma aproximação ecumênica das religiões

de reforma. Isso levaria as religiões a oferecerem à sociedade motivos de esperança e abertura ao futuro, de comunhão universal, de comunicação em amor, em contraposição à lógica do sistema econômico neoliberal. Nas palavras do autor:

> Dessa forma, as Igrejas [e as religiões] serão lugares em que os crentes devem procurar superar a imposição, as táticas ou meios de violência, dialogando em liberdade e procurando cada qual o bem do outro, em comunhão que só é possível se houver uma experiência anterior e superior de *graça*, pois Deus se revela (encarna) em nós com amor sobre a morte (ressurreição). Fechados em si, os códigos de comunicação do sistema se tornam lei de morte, a serviço de seus controladores. Os argumentos puramente racionais acabam impondo um sistema objetivo de "verdades" que os privilegiados (de tipo leigo ou sacerdotal) usam para defender seus privilégios. Só o descobrimento de uma graça prévia, a serviço dos pobres, e a experiência-esperança de ressurreição tornam os homens capazes de se encarnar, doando a vida uns aos outros (PIKAZA, 2002, p. 275).

Pikaza ainda afirma que

> esta graça fundadora se expressa numa racionalidade que é forte porque não se exige dela que demonstre tudo, pois se apoia no Deus que vai além de todas as demonstrações, sendo precisamente graça. (...) O perigo do iluminismo estava em querer divinizar-se, crendo-se capaz de encontrar (postular) uma verdade universal de tipo racional (lei), para impô-la de modo econômico-social (neoliberalismo), suscitando a opressão dos pobres e a rejeição de alguns mais convictos (mulçumanos) (...) Contrariando esta posição, com base no dom prévio de Deus, segundo as tradições religiosas, devemos afirmar que os homens são sujeitos: não estão condenados, simplesmente, ao fracasso interior ou à ditadura do sistema, pois transbordam, por graça de Deus e transcendência humana, para o imenso campo da Vida (PIKAZA, 2002, p. 276).

4. Religiões, diálogo e direitos humanos

A espiritualidade ecumênica, como sabemos, requer capacidade de diálogo e profunda sensibilidade para a afirmação da vida e promoção da paz. Para refletirmos nessa direção, destacamos a contribuição teológica de Michael Amaladoss. Esse autor tem se destacado pelo seu interesse por reflexões em torno da espiritualidade ecumênica e pelo diálogo do Evangelho com as culturas e demais religiões. Em relação a esse último tema, o autor apresenta suas principais preocupações e postulados em *Missão e inculturação* (2000). Para ele, a missão consiste em anunciar o Evangelho que se fez carne em determinada cultura. Mas nem o Evangelho nem as culturas existem por si mesmos. Esses dois polos se interagem e, com isso, o Evangelho confere à missão um aspecto profético, compreendido como Reino de Deus, que, por sua vez, requer transformação crescente da sociedade e das culturas nela inseridas. A dimensão profética, que Amaladoss traduz como "luta contra Mamon", ainda que assuma inicialmente os aspectos econômicos e políticos, deve ser orientada para uma transformação cultural. Para o autor, do ponto de vista da fé cristã um caminho alternativo

> deverá ter, entre outras, três características: apoio à vida, experiência de vida em comunidade e consciência da transcendência. Para dar corpo a essas perspectivas, temos necessidade de comunidades contraculturais que às vezes serão "modelos de" e "modelos para" as comunidades do Reino de Deus. Elas não devem ser institucionais, nem liminares. No mundo de hoje, essas comunidades serão inter-religiosas, formadas por pessoas de diferentes credos e ideologias, mas unidas na mesma luta contra Mamon (AMALADOSS, 2000, p. 150).

No aprofundamento da questão cristológica, Amaladoss enfatiza algo óbvio, mas que nem sempre está presente nas compreensões religiosas e teológicas do mundo cristão: "Jesus nasceu, viveu, pregou e morreu na Ásia. Contudo, é visto com frequência como um ocidental". Em *Jesus, o profeta do Oriente: imagem e representação do Messias na tradição cristã, hindu e budista* (2009), o autor seleciona imagens de Jesus – o sábio, o caminho, o guru, o avatar, o satyagrahi, o servidor, o compassivo, o dançarino e o peregrino – e mostra o significado delas na tradição religiosa e cultural oriental. Isso deveria levar as pessoas e grupos a conhecerem melhor a Jesus e, quando se perguntassem como ele é o salvador, a resposta não seria "uma explicação metafísica da tecnologia da salvação, embora ela possa ser relevante em certas circunstâncias", mas "como sua graça salvadora é capaz de transformar nossa vida e nos qualificar para enfrentar desafios" (AMALADOSS, 2009, p. 187).

Amaladoss considera que a religião e a espiritualidade se destinam à vida. Ou seja, elas representam a ajuda para que pessoas e comunidades vivam de melhor forma a realidade atual. São esses aspectos que o autor apresenta em *O cosmo dançante: um caminho para a harmonia* (2007), a partir de um elenco de situações da vida – como o seu sentido, a liberdade, o mal, a interioridade e a consciência, a criatividade humana e outros, que são vistos dentro de diferentes tradições religiosas, justamente para indicar "um caminho" dialógico que valorize o presente, mas que revele possibilidades para o futuro, especialmente de harmonia e de paz para o universo, de reconciliação nos conflitos e de construção de relações de amor mútuo e de serviço uns aos outros.

Em *Pela estrada da vida: prática do diálogo inter-religioso* (1995), Michael Amaladoss nos mostra que, ao mesmo tempo que a religião torna-se causa de divisão e conflito entre povos de todas as partes do mundo, ela também abre os seus caminhos para o diálogo e para a promoção da paz. O autor considera que esse diálogo é uma incumbência das religiões e que ele precisa ir além da partilha de opiniões e experiências e chegar ao desafio mútuo e à cooperação conjunta, tendo em vista a construção de uma nova humanidade.

Amaladoss examina os problemas do pluralismo religioso, especialmente no tocante aos símbolos, rituais de cura e automanifestação divina revelada. No caso dos símbolos, eles são vistos como mediadores das experiências religiosas e podem ser canais frutíferos de comunicação entre as religiões, se vistos como possibilidade de compreensão da experiência do outro. Para isso, precisam ser experimentados por dentro.

Tal cruzamento de fronteiras não nos destrói a identidade, mas aprofunda-a porque os símbolos do outro não têm a mesma significação fundadora que os nossos. Eis por que o diálogo inter-religioso, em especial quando atrelado a uma ação comum em prol da justiça, inevitavelmente levanta a questão do compartilhamento do culto ou da ação simbólica (AMALADOSS, 1995, p. 42).

O autor também destaca a natureza social do ritual religioso e as implicações das práticas conjuntas de oração e de ação de membros de diferentes religiões.

Ele nos mostra que o diálogo inter-religioso não precisa se restringir em nível de especialistas, mas pode igualmente ocorrer nas camadas populares. Nesse campo, não se pode menosprezar o valor e o significado das curas e dos milagres e como eles revelam fontes genuínas de espiritualidade, quase sempre provenientes de distintas tradições religiosas. O pensamento moderno não pode ser refém da lógica meramente racionalista e também não precisa abdicar-se dela. Mas, ao se abrir para o mistério na vida e ao perceber que o compromisso de fé em relação a Deus está integrado aos fatores psíquicos, físicos, sociais, culturais e religiosos, é possível perceber a presença de Deus para além de uma religião específica. Como exemplifica o autor:

> o processo de oração em comum deve conduzir não a uma equalização das experiências em termos matemáticos, mas a uma valorização mútua, que lhes confirme sua identidade na diferença. Um encontro assim na oração é talvez não apenas irênico, mas também mutuamente profético. Essa interação profética ocorre talvez, de modo especial, na leitura comum de cada Escritura e na reflexão sobre elas, porque em particular as Escrituras são narradoras da experiência do encontro divino-humano. O ato de se ler as Escrituras em comum é diferente de se ler as Escrituras das outras religiões como um elemento do próprio culto de cada um. Neste último caso, a outra Escritura é interpretada no contexto geral da tradição própria de cada um. Todavia, na leitura comum, cada fiel interpreta sua Escritura e o que temos é um desafio e uma inspiração mútuos, num contexto pluralista (AMALADOSS, 1995, p. 89).

Do ponto de vista pastoral, Amaladoss compreende que as religiões em geral e as Igrejas cristãs em particular são desafiadas ao protesto contra todas as formas de discriminação e ao incentivo à reconciliação e ao sentido de comunidade no mundo. Elas devem igualmente contribuir para consensos públicos e debates regionais e nacionais que podem formar a base de uma comunidade maior de liberdade, igualdade, fraternidade e justiça. É fato que o vínculo entre religiões e direitos humanos na atualidade é bastante ambíguo e complexo. As interfaces entre religião e cultura, por exemplo, não podem ser desprezadas nas análises. Não basta meramente condenar as formas fundamentalistas, pois possuem raízes mais vigorosas e na maioria das vezes com significado social profundo. No caso de movimentos fundamentalistas contemporâneos no islã, por exemplo, muitos têm sido vistos como reação defensiva aos impactos da cultura ocidental, percebida como destruidora de valores sociais e religiosos. Algo similar pode se dizer sobre o conversionismo exacerbado de grupos cristãos, o qual gera uma identidade rígida, mas forma um sentimento de pertença em um mundo de despersonificação e anomia. Talvez uma comunicação mais dialógica entre as religiões pudesse contribuir para que todas identificassem suas próprias limitações e se voltassem, assim, para a promoção dos valores humanos e para o bem-estar de todos.

5. Missão cristã e diálogo inter-religioso

Como visto até agora, o tema da missão é algo crucial na prática da fé cristã e que tem sido analisado e reinterpretado diante do horizonte de uma cultura religiosamente plural. Trata-se de tema desafiador, pois a perspectiva do diálogo pode ser interpretada em diferentes sentidos, incluindo o receio pela perda da identidade religiosa e da assimilação de práticas sincréticas e, também, o temor em relação ao fato da missão ser inviabilizada pelo diálogo inter-religioso.

Daí ser fundamental refletirmos sobre ele no contexto da teologia ecumênica das religiões.

A perspectiva do diálogo leva os grupos cristãos a repensarem a missão que se centrou em um mero exercício de tentar convencer as pessoas com crenças distintas ao Cristianismo a se converterem à religião cristã e aos seus princípios e crenças tradicionalmente construídas. No espaço do diálogo, as tradições religiosas interpelaram-se levando as suas vivências para caminhos mais profundos. Trata-se de uma abertura para a escuta, para a mudança e para maior compreensão do próprio espaço de fé. Pois, no diálogo, há uma mudança e a criação de um lugar fértil para a espiritualidade.

Entre tantos autores, temos como referência as reflexões do teólogo metodista Wesley Ariarajah, que elabora uma teologia da missão dentro do horizonte da teologia das religiões, a partir de sua vivência missionária inter-religiosa. Essas reflexões, assim como as que se seguem, estão sintetizadas por Daniel Souza em nosso livro *A teologia das religiões em foco* (RIBEIRO; SOUZA, 2012). Ariarahaj procura uma releitura do texto bíblico relacionada com as pessoas de outras fés e pesquisa, entre outros temas, o diálogo entre o Evangelho e as culturas. Em *Repensando a missão para os nossos dias: a propósito do Centenário da Primeira Conferência Missionária Mundial em Edimburgo*, o autor parte da seguinte pressuposição:

> A área mais difícil para o diálogo e missão tem a ver com a nossa compreensão de Cristo e de sua relação com o mundo. Muito do pensamento da missão se baseia em três ou quatro versos-chave na Bíblia. Estes incluem a chamada Grande Comissão de Mateus 28, de "ir por todo o mundo e pregar o Evangelho a todas as nações", a afirmação de João 14,6, de que Jesus é o "caminho, a verdade e a vida, e ninguém vem ao Pai exceto por mim", e as afirmações de Atos dos Apóstolos de que Jesus é o único mediador entre Deus e os seres humanos. Muitas vezes, estes versos são isolados de seus contextos imediatos e isolados de todo o restante da mensagem da Bíblia para argumentar que cada ser humano deve aceitar Jesus Cristo como seu salvador para ser salvo.

Perspectivas teológicas para uma aproximação ecumênica das religiões

> Aqueles que dialogam demonstraram que a mensagem geral de Bíblia é muito mais complexa do que se presume por uma leitura seletiva da Bíblia. Ela começa com Deus como criador de todo o mundo; que Deus é alguém que cuida e nutre a todos. Nas Escrituras hebraicas, mesmo que Israel seja escolhido como "luz para as nações" e para "viver a justiça de Deus entre as nações", Deus permanece sendo o Deus de todas as nações. Nenhuma nação e ninguém estão fora do amor providencial de Deus (ARIARAJAH, 2011, p. 34).

O autor afirma que "a missiologia continua a ser um dos campos menos desenvolvidos da teologia cristã, porque nunca houve a coragem de pensá-lo de maneira nova" (ARIARAJAH, 2011, p. 60). Ao reorientar a missiologia, o teólogo metodista relaciona diálogo e missão. Para tanto, procura se afastar de uma prática missionária e de uma teologia que a sustente, profundamente relacionada com a colonização, a ocidentalização e cristianização. Ao se falar em diálogo no horizonte missionário, Ariarajah não entende como negativa a presença de um sincretismo entre as diferentes religiões. Para o autor, o diálogo evoca a aceitação e respeito à alteridade do outro, da sua fé e crença. Constrói-se, aqui, um "encontro de comprometimentos". Assim, o diálogo provoca um crescimento mútuo, com correção e autocrítica; e a compreensão do significado da própria fé.

Além destas considerações, outro tema importante na produção deste autor se dá a partir de uma questão bem presente nas comunidades de fé: "o diálogo solapa a missão?". Como se sabe, o termo missão é uma palavra que pode ser carregada de distintos conceitos e interpretações, por essa razão, Ariarajah caminha com certa cautela, propondo, antes de uma resposta rápida, *sim* ou *não*; a clareza na compreensão que se tem do conceito de missão e de sua implicação para o diálogo. Como interpelação, o diálogo "questiona a ênfase excessiva sobre o 'converter o mundo todo a Cristo', e coloca maior ênfase no testemunho e vida cristãos e no serviço ao mundo" (ARIARAJAH, 2011, p. 35). A chave não está em uma missão com bases coloniais de *encobrimento* do outro em sua fé e cultura, mas no testemunho do Evangelho que é boa notícia.

73

Wesley Ariarajah, em função das diferentes visões missionárias que marcam o cenário missionário das Igrejas, muitas até mesmo antagônicas, e, a partir das experiências inter-religiosas, traz algo novo e criativo, repensa a missão e confronta-se com seus dilemas mais comuns, como a singularidade de Jesus e a comissão de fazer discípulos por todo o mundo. Confronta-se, ainda, com uma visão de uma cultura ocidental marcadamente superior. Para o autor,

> Hoje em dia, conflito e violência são grandes preocupações. Infelizmente, há muitos conflitos em diferentes partes do mundo nos quais a identidade religiosa desempenha um papel direto ou indireto. Muitos destes conflitos não são "guerras religiosas", como eram no passado; são provocados por outras questões sociais, políticas e econômicas. No entanto, os sentimentos religiosos, as identidades e os ensinamentos são, frequentemente, como forças de mobilização em certo tipo de situação de conflito. Como resultado, há um sentimento generalizado em nossos dias de que as religiões estão contribuindo para os conflitos. Alguns pesquisadores argumentaram que não deveríamos excluir tão rapidamente as tradições religiosas e insistir que os ensinamentos de algumas religiões, de fato, constroem muros de separação, exclusivismo e, de qualquer modo, não promovem paz e harmonia através das fronteiras religiosas.
> O segundo principal desenvolvimento que leva à urgência do diálogo é a globalização. Hoje em dia, quase todas as principais questões sociais, econômicas e políticas atravessam todas as fronteiras. As questões da paz e da justiça, econômicas, ambientais e mesmo questões que afetam pessoas individualmente têm dimensões globais. A revolução das comunicações aproximou os povos e nações. Não há mais apenas questões cristãs que requeiram respostas cristãs. Há também outras, que só poderão ser resolvidas trabalhando para além de barreiras religiosas ou de outros tipos. Esta realidade tem levado muitos cristãos a trabalharem em colaboração com outros. Até agora, só puderam encontrar bases seculares para fazer isso, por medo de que as crenças religiosas introduzissem conflitos. Precisamos prosseguir na busca de uma base religiosa para tal engajamento (ARIARAJAH, 2011, pp. 37-38).

Ao repensar a missão, Ariarajah compreende o testemunhar como algo basilar na fé cristã, o testemunho das "boas-novas aos pobres, a libertação dos cativos..." (Lc 4). Assim, portanto, "considera

Perspectivas teológicas para uma aproximação ecumênica das religiões

o diálogo como a missão de que precisamos em nossos dias. Porque por meio dele é que nos engajamos na tarefa curativa e reconciliadora que Deus tem empreendido no mundo" (ARIARAJAH, 2011, p. 38).

Outro aporte relevante é o da teóloga reformada Christine Lienemann-Perrin. Para ela, a relação entre missão e diálogo inter-religioso requer uma articulação "recíproca de tensão e intercâmbio" e uma interação mútua necessária diante de um contexto religioso plural. Assim, a reflexão sobre uma teologia da missão no contexto de pluralismo religioso envolve as relações externas do Cristianismo: "de como ele *percebe* outras religiões, se *encontra* com as pessoas de outras religiões e se *modifica* pelo contato com elas" (LIENEMANN-PERRIN, 2005, p. 10), o que envolve sua própria concepção interna. Como reinterpretar a missão no espaço intracristão e inter-religioso? Como as comunidades cristãs precisam lidar com esse ambiente de diversidade e novas experiências de fé?

A proposta de Christine Lienemann-Perrin é, pois, a compreensão da *oikoumene* como casa de encontros inter-religiosos, de abertura e de escuta a vivências de fé. Assim, a relação entre missão e diálogo necessita ser constantemente construída, elaborada, revisitada, repensada. Não é algo estático, mas uma articulação em constante movimento de "tensão e intercâmbio", de percepções e mudanças, de encontros e parcerias. Como afirma a própria autora:

> a ecumene necessita do diálogo inter-religiosos, porque este a abre para as pessoas de outras religiões, resguardando-a de preocupar-se somente consigo própria. Na ecumene das Igrejas, o diálogo com as religiões mantém viva a lembrança da não rescindida aliança de Deus (aliança de Noé) com todo o gênero humano. Inversamente, o diálogo também precisa da comunhão de Igrejas que em seu engajamento inter-religioso lembrem umas às outras os seus fundamentos. Somente em conjunto é que a ecumene das Igrejas e seu diálogo com outras religiões terão futuro (LIENEMANN-PERRIN, 2005, p. 164).

A pressuposição da autora de que o Cristianismo é *uma* religião entre *muitas outras* leva-nos ao reconhecimento do ambiente plural, em que distintas experiências de fé encontram-se, relacionam-se em um quadro plural que vai além das fronteiras estabelecidas em cada limite de espiritualidade. Para a autora, todavia, isso não é novo. Desde o início a fé cristã é *uma* vivência de fé *entre muitas* outras. O seu nascimento não se dá em um espaço monolítico. Além disso, o desenvolvimento histórico da fé cristã se deu em contextos muito variados, e boa parte deles conflitivos e marcados por violência concreta ou simbólica. Nesse sentido, a vivência missionária precisa:

> aprender dos erros do passado; encontrar-se de forma respeitosa com pessoas de outras religiões; tentar entender outras religiões; submeter os conteúdos da fé cristã a uma nova reflexão no encontro com as pessoas de outras religiões, verificando o que liga as diferentes religiões, onde estão as suas diferenças e onde há incompatibilidade entre elas (LIENEMANN-PERRIN, 2005, p. 11).

Aqui reside algo significativo para se pensar a relação entre a missão e o diálogo inter-religioso: a importância da memória, colocando a prática atual diante de espelhos do passado para um reorientar da prática; e a relevância do encontro com outras fés, com respeito e aprendizado com a alteridade.

As experiências contextuais apresentadas pela autora, além da releitura bíblica e das vozes das comunidades de fé, apontam para uma reinterpretação da missão e estabelecem "*um* princípio que precisa vigorar independente do contexto e da situação: a renúncia à violência, coação, pressão, doutrinação para fins de difusão da fé" (LIENEMANN-PERRIN, 2005, p. 161). Este princípio estruturador da prática missionária ganha relevância no espaço da *ecumene* e sinaliza a efetivação do direito à liberdade religiosa e a superação de variadas maneiras de intolerância e de violência. A autora nos lembra que

> as experiências feitas até aqui na história da missão necessariamente ditam um princípio que precisa vigorar independentemente do contexto e da situação: a renúncia à violência, coação, pressão e doutrinação para fins de difusão da fé. Isto constitui, por assim dizer, o duplo man-

Perspectivas teológicas para uma aproximação ecumênica das religiões

damento do amor para a missão, no qual estão compreendidos todos os demais requisitos (LIENEMANN-PERRIN, 2005, p. 161).

Outro aporte relevante nas reflexões sobre a missão cristã em perspectiva ecumênica vem do teólogo metodista Inderjit Bhogal. A partir da sua experiência de sikh-cristão, ele reflete sobre a construção de uma "teologia em trânsito", com crônicas de suas experiências cotidianas e de suas vivências e viagens, em contextos diferentes e diversificados. Em sua visão está a intuição de um Deus que é "imenso, insondável e não confinado", não conhecendo limites em sua graça e amor. Bhogal envereda-se para compreender a missão da Igreja diante do pluralismo religioso. Em português temos o registro desse testemunho ecumênico em *Pluralismo e a missão da Igreja na atualidade* (2007).

Para o autor, diante do pluralismo religioso a missão reconstrói-se a partir de um triplo compromisso. O *respeito* como elemento central na teologia cristã, com a importância do relacionamento com pessoas excluídas, empobrecidas; com pessoas de outras confissões de fé, outras culturas e etnias; e com o meio ambiente: "isso significa que a criação é sagrada, que deve ser tratada com respeito e que todas as pessoas são sagradas e abençoadas, de igual dignidade e valor" (BHOGAL, 2007, p. 115).

O segundo compromisso é a *aceitação*, cruzando fronteiras, construindo espaços de encontro e relação, na experiência de escuta e aprendizado com o outro. Há uma voz que interpela e um corpo que se coloca frente a frente em diálogo. Por último, a *vida*, a busca por uma vida abundante, não consentindo com as realidades que provoquem a morte, como a pobreza imposta, a intolerância religiosa e o fundamentalismo e a degradação ambiental. A promoção da vida, considerando todas as implicações práticas e políticas decorrentes dela, é o critério central da missão.

No contexto das práticas missionárias surgem perguntas como:

> nossa decisão priorizará os mais pobres e ajudará na erradicação da pobreza? Ajudará a promover boas relações entre pessoas de diferentes credos, culturas e etnias? Protegerá e acrescentará qualidade à vida, inclusive ao meio ambiente? (BHOGAL, 2007, p. 118).

Entre os tantos desafios que uma visão ecumênica e plural possibilita para a missão, o autor destaca os seguintes questionamentos que, na verdade, representam perspectivas bíblicas de fundamental importância para a prática missionária:

- Se todos somos feitos à imagem de Deus e, portanto, de uma só raça, o que precisa acontecer para que cresçamos no respeito um ao outro, qualquer que seja a cor de nossa pele, o nosso credo ou a nossa cultura?
- Se Deus é um só, o que precisa acontecer para que cresçamos no respeito à iluminação, ao entendimento e à experiência de Deus que cada um tem?
- Se o Deus único relaciona-se com todos nós, o que precisa acontecer para que cresçamos no respeito ao compromisso salvador de Deus nas histórias de cada um?
- Se Jesus é o dom especial das Igrejas aos mundos das religiões, o que precisa acontecer para que possamos compartilhar sua história e reconhecer os dons especiais de Deus por meio das outras religiões?
- Se o desejo de Deus para toda a criação e para todas as pessoas é que todos tenham vida e a tenham em abundância, como podemos trabalhar em parceria com cristãos e com pessoas de diferentes expressões de fé para cumprir o propósito de Deus? (BHOGAL, 2007, pp. 85-86).

Falamos de missão em uma perspectiva cristã. E como se pode constatar neste e em outros textos aqui introduzidos, o tema da pluralidade religiosa dentro e fora do Cristianismo esteve sempre em pauta e revela-se reflexão imprescindível para se pensar a vocação existencial da Igreja. O movimento missionário, decerto, contribuiu significativamente para a introdução do tema na agenda das Igrejas, principalmente ao chamar a atenção para a relação Evangelho-culturas e para o tema da salvação.

A contribuição dos pensadores, teólogos e pastoralistas, com as diferentes ênfases na interpretação teológica da diversidade de expressões religiosas intra e extracristãs, torna-se fundamental para o tempo presente. A humanidade vive um momento histórico em que a pluralidade das confissões de fé é cada vez mais evidente por conta do fenômeno da globalização, concretizado não só por meio das mídias, mas também dos fluxos migratórios, das diásporas contemporâneas.

Vive-se hoje no mundo um significativo intercâmbio de fés não planejado, tendo em vista que um cristão europeu, por exemplo, assiste a um documentário na TV sobre um grupo religioso asiático, e, instantes depois, esse mesmo cristão dobra a esquina e passa à frente de uma mesquita, na mesma calçada em que há um cartaz-convite para participação em uma Igreja pentecostal com cultos em língua espanhola, que fica a cem metros de um templo hindu. Esta realidade, que se compõe também com a explosão de guerras religiosas e étnicas, ao lado de discursos religiosos que reforçam a violência, demanda de todos os segmentos sociais, e muito especialmente das Igrejas, que o tema do pluralismo religioso tenha espaço privilegiado nas agendas de reflexão e ação de quem lida com a reflexão e a prática sobre missão.

Vale reafirmar que num mundo plural e diverso, as perspectivas ecumênicas do respeito e do diálogo são fundamentais para qualquer esforço missionário. Nesse sentido, respeito e diálogo devem se reverter em atitudes concretas em relação a culturas diferentes daquela hegemônica ocidental, bem como a experiências religiosas diferentes do padrão estabelecido pelo Cristianismo anglo-saxão. A missão deve ser realizada e o Cristianismo precisa ser vivido entre essas culturas, que carecem de solidariedade, respeito e tolerância – e aqui o critério ético é a vida. Comunhão e reconciliação são fundamentos da perspectiva ecumênica que, junto com as dimensões do diálogo e do serviço, representam a compreensão da unidade cristã com a qual o movimento ecumênico, nascido no século XX, sempre trabalhou e estimula que se trabalhe, motivado pela leitura do Evangelho de João e da clássica oração de Jesus: "que sejam um para que o mundo creia" (Jo 17,21).

Considerações finais

Nossa reflexão girou em torno do papel das religiões nos processos de estabelecimento da paz, da justiça e da sustentabilidade da vida. Consideramos, por suposto, que as grandes questões que afetam a humanidade e toda a criação requerem indicações teológicas consistentes e que há processos de abertura e de diálogo entre distintas religiões, em diversas frentes de ação, assim como há processos de enrijecimento das perspectivas religiosas, fortalecimento de práticas e valores fundamentalistas, acirramento de conflitos e reforço de culturas de violência. O quadro religioso vive intensamente essa ambiguidade e as reflexões teológicas precisam considerá-la atentamente.

Outra pressuposição importante com que trabalhamos foi que diante das diversas indagações sobre a vida, em especial os temas que envolvem a paz e a justiça no mundo, são necessários eixos norteadores para que a reflexão teológica possua a abrangência capaz de ser relevante diante dos desafios que a sociedade apresenta na atualidade. Nossa proposição é que a perspectiva ecumênica, uma vez articulada com as dimensões sociais, políticas, econômicas e culturais, dentro dos variados contextos históricos, pode oferecer densidade e amplitude para a reflexão teológica. Os esforços que valorizam a capacidade de diálogo e de sensibilidade ecumênica e aqueles que destacam a importância pública das religiões partem da concepção de que a perspectiva ecumênica, tanto em nível prático quanto em nível teórico-metodológico, requer e possibilita uma compreensão mais apurada da realidade, um aperfeiçoamento de visões dialógicas e o cultivo de maior sensibilidade para a valorização da vida e para a promoção da paz e da justiça.

Destacamos, baseado nas contribuições de diferentes teólogos, o valor do humano e da ética social para o diálogo inter-religioso, as possibilidades de uma unidade aberta, convidativa e integradora no âmbito das religiões, a importância pública das religiões e a compreensão destas como códigos de comunicação, a relação entre o poder do império e o poder do diálogo das religiões, e como este influi na defesa dos direitos humanos e redimensiona a missão cristã. Nossa intenção foi realçar as possibilidades de uma teologia ecumênica das religiões tendo como eixo articulador a preocupação com a paz, a justiça e a integridade da criação.

Referências

AMALADOSS, Michael. *Pela estrada da vida*; prática do diálogo inter-religioso. São Paulo: Paulinas, 1995.

_____. Missão e inculturação. São Paulo: Loyola, 2000.

_____. *O cosmo dançante*; um caminho para a harmonia. Aparecida-SP: Ed. Santuário, 2007.

_____. *Jesus, o profeta do Oriente*; imagem e representação do Messias na tradição cristã, hindu e budista. São Paulo: Pensamento, 2009.

ARIARAJAH, Wesley. *Repensando a missão para os nossos dias*; a propósito do Centenário da Primeira Conferência Missionária Mundial em Edimburgo (1910). São Bernardo do Campo-SP: Editeo, 2011.

BHOGAL, Inderjit. *Pluralismo e a missão da Igreja na atualidade*. São Bernardo do Campo-SP: Editeo, 2007.

KÜNG, Hans. *Projeto de ética mundial*; uma moral ecumênica em vista da sobrevivência humana. São Paulo: Paulinas, 1993.

_____. *Teologia a caminho*; fundamentação para o diálogo ecumênico. São Paulo: Paulinas, 1999.

_____. Religiões do mundo: em busca dos pontos comuns. Campinas-SP: Verus, 2004.

LIENEMANN-PERRIN, Christine. *Missão e diálogo inter-religioso*. São Leopoldo-RS: Sinodal, 2005.

MOLTMANN, Jürgen. *Experiências de reflexão teológica*; caminhos e formas da teologia cristã. São Leopoldo-RS: Unisinos, 2004.
PIKAZA IBARRONDO, Xabier. *Monoteísmo e globalização*; Moisés, Jesus e Muhammad. Petrópolis: Vozes, 2002.
_____. *Violência e diálogo das religiões*; um projeto de paz. São Paulo: Paulinas, 2008.
RIBEIRO; SOUZA. *A teologia das religiões em foco*. São Paulo: Paulinas, 2012.

A questão cristológica em foco

Introdução

A mensagem sobre Jesus, assim como as pregações religiosas em geral, tem alcançado número considerável de ouvintes e de adeptos, em especial devido ao florescimento religioso vivenciado no mundo inteiro nos últimos anos do segundo milênio. Somam-se a isso o interesse das mídias e a importância da religião em outros campos. Daí o destaque nos últimos anos, por exemplo, para obras como *O Código da Vinci*, de Dan Brow, incluindo a versão cinematográfica de Ron Roward, o filme *A Paixão de Cristo*, de Mel Gibson, e os famosos documentários sobre Jesus do *Discovery Channel*, cada vez mais populares no Brasil.

Assim como os demais aspectos religiosos, as interpretações acerca de Jesus e a importância delas para a vida em geral são diversas e, em boa parte das vezes, contraditórias. Isso reforça e motiva ainda mais os estudos teológicos.

Pluralismo e libertação

O campo específico da cristologia tem, igualmente, ganho vitalidade e destaque. No contexto teológico latino-americano, ainda nos anos 1970, a obra *Jesus Cristo libertador*, de Leonardo Boff (1972), foi destaque, e ocupou inclusive o espaço eclesiástico-institucional para avaliações e questionamentos. Em certo sentido, o debate voltou à tona, em 2007, com a notificação da Congregação para a Doutrina da Fé da Igreja Católica Romana em relação às obras de Jon Sobrinho *Jesus, o libertador; a história de Jesus de Nazaré* (1991) e *A fé em Jesus Cristo; ensaio a partir das vítimas* (1999). No campo protestante, Jürgen Moltmann tem sido referência para os debates, especialmente com as suas obras *O caminho de Jesus Cristo* (1989) e *Quem é Jesus Cristo para nós hoje?* (1994). Também marcam o debate cristológico as obras de John Dominic Crossan: *O Jesus histórico* (1991), *Jesus – uma biografia revolucionária* (1994), *Quem matou Jesus?* (1995) e *O nascimento do Cristianismo* (1998). Ao lado dessas obras, talvez seja a de Roger Haight, *Jesus, símbolo de Deus* (1999) – também sob notificação da Congregação para a Doutrina da Fé[1] –, a que maior densidade tem oferecido para as reflexões cristológicas atuais. As perspectivas teológicas desses autores formam um quadro teórico consistente que está pressuposto nas reflexões a seguir.

Indicaremos três aspectos que julgamos relevantes para a discussão cristológica dentro de uma visão ecumênica: a) o modelo pluralista para a cristologia, b) o diálogo como condição imprescindível para se construir uma identidade cristã autêntica, e c) as implicações dessas perspectivas para o método teológico. De um amplo e variado leque de autores, priorizamos, por diversas razões, como base de nossa reflexão, contribuições de Paul Knitter, John Hick, Roger Haight, Andrés Torres Queiruga, Raimon Panikkar, Claude Geffré e Jacques Dupuis. Autores e autoras latino-americanos serão vistos no capítulo seguinte.

---

[1] Para uma compreensão mais apurada do processo, veja o artigo de TEIXEIRA, Faustino. Uma cristologia provocada pelo pluralismo religioso: reflexões em torno do livro *Jesus, símbolo de Deus*, de Roger Haight. *Revista Eclesiástica Brasileira*, 65(258), pp. 293-314, abril 2005.

A questão cristológica em foco

Ao reforçar as dimensões do plural e do diálogo e ao indicar o desafio do debate ecumênico das religiões, desejamos mostrar que a lógica plural é fundamental para o método teológico e para a vivência religiosa.

1. Jesus e a visão pluralista

O uso da expressão "pluralista" no esforço de se estabelecer paradigmas para a compreensão da relação da fé em Cristo com uma perspectiva ecumênica de encontro das religiões não é consensual. É fato que o termo representa certa superação e avanço das tipologias que se consagraram no século XX, identificadas, com algumas variáveis, com as expressões exclusivismo, inclusivismo e relativismo. Todavia, mesmo assim, outros esforços têm sido feitos por diferentes autores para a formulação de tipologias mais adequadas e que possam dar conta da diversidade das experiências de diálogo inter-religioso e de teologias ecumênicas das religiões.

Um desses esforços vem do teólogo Paul Knitter, um dos mais destacados pensadores que tratam do tema da teologia das religiões. Com intensa produção teológica, parte dela devedora das perspectivas modernizadoras do Concílio Ecumênico Vaticano II e da aproximação com Karl Rahner, Knitter destacou-se na reflexão teológica sobre o pluralismo religioso desde sua obra *No other name? A critical survey of Christian attitudes toward the world religions* [Nenhum outro nome? Um levantamento crítico das atitudes cristãs para com as religiões mundiais] (1985). Nesta obra o autor apresentou as teses fundamentais de sua teologia pluralista e sua crítica às perspectivas exclusivista e inclusivista na abordagem cristã sobre as religiões. Posteriormente, juntamente com John Hick, organizou o livro *The myth of Christian uniqueness* [O mito da singularidade cristã] (1987), no qual, mais uma vez, a perspectiva teológica pluralista é explicitada.

Da atenção que deu às aproximações cristãs a outras religiões nasceu uma de suas obras de destaque: *Introdução às teologias das*

85

religiões (2008). Todavia, sua inquietação com os principais temas que interpelam a humanidade o levou a pensar como a responsabilidade social e política com a ordem global e como o diálogo entre as religiões podem cooperar na promoção do bem-estar humano e ecológico. Daí a importância de obras suas como: *One Earth many religions: multifaith dialogue and global responsibility* [Uma terra muitas religiões: diálogo entre múltiplas crenças e responsabilidade global] (1995) e *Jesus e os outros nomes: missão cristã e responsabilidade global* (2010).

Paul Knitter articula sua densa produção com uma atuação significativa no diálogo das religiões pela paz e pela justiça. Por quase vinte anos, desde 1986, participou do movimento Crispaz (Cristãos pela Paz em El Salvador), com sucessivas visitas à América Central. Dessa experiência resultou uma profícua aproximação com a teologia latino-americana da libertação, não meramente a partir de discussões conceituais e teóricas, mas especialmente no compromisso comum com a paz, a justiça e a libertação. Knitter atuou no Conselho Internacional da Paz Inter-religiosa, formado após o Parlamento Mundial das Religiões, realizado em 1993 em Chicago.

Em *Introdução às teologias das religiões* (KNITTER, 2008), o autor contribuiu significativamente com o esforço de muitos outros teólogos para construir tipologias que ajudassem as pessoas, tanto as interessadas no tema quanto os especialistas, a compreenderem melhor o pluralismo religioso e a necessidade premente de interpretações consistentes dessa realidade.

O título já é exemplar da proposta, uma vez que é redigido no plural: teologias! Após apresentar os desafios para o Cristianismo diante das várias realidades e a pluralidade como fato significativo da vida religiosa e cósmica, Knitter apresenta quatro modelos didáticos de compreensão e interpretação do quadro de teologias das religiões, aos quais denominou: i) substituição, ii) complementação, iii) mutualidade, e iv) aceitação.

O primeiro, denominado modelo de substituição, parte da premissa de que há somente uma religião verdadeira. Tal perspectiva pode ser compreendida tanto como "substituição total" – e aí residem os cristãos cujo perfil ideológico é de caráter fundamentalista – assim como aqueles grupos e visões que consideram que Deus pode estar presente em outras religiões, ainda que parcialmente, a que se chamou de "substituição parcial". A experiência religiosa baseada em Jesus é vivenciada intensamente, o que gera uma postura firme de diálogo polêmico e confrontador com outras religiões.

O modelo de complementação tem a pressuposição filosófica de que "o Uno dá completude ao vário". Ele forjou e foi forjado pelos processos de renovação eclesial do Concílio Ecumênico Vaticano II (1962-1965) no contexto católico-romano, com as contribuições de Karl Rahner, por exemplo, mas também está em sintonia com as perspectivas dialógicas modernas que marcaram o século XX. Nessa visão, o anúncio de Jesus deve, no processo de diálogo, acrescentar aos de outras religiões algo novo, mas que já estava posto, e assim contribuir para que descubram que o Evangelho lhes é fecundo.

Em seguida, Knitter apresenta o modelo de mutualidade, baseado na ideia de "várias religiões verdadeiras convocadas ao diálogo". Em certo sentido, ele aprofunda a lógica dos modelos anteriores, pois pressupõe que o diálogo inter-religioso propõe-se a ser recíproco. Assim, o processo de diálogo leva os cristãos a passarem pelas transformações que eles mesmos indicam às outras religiões, na busca de um equilíbrio entre a universalidade do amor de Deus e a particularidade da encarnação desse amor em Jesus.

O modelo de aceitação parte da pressuposição de que "as tradições religiosas que o mundo apresenta são mesmo diferentes, e temos de *aceitar* essas diferenças" (KNITTER, 2008, p. 272). O autor, ao introduzir a ideia, assumidamente utópica, de "uma comunidade dialógica de comunidades entre as religiões mundiais" enfatiza que

Pluralismo e libertação

> para conhecer a verdade, temos de estar comprometidos com a prática de comunicação com os outros; isso quer dizer conversar realmente com pessoas que são, de modo significativo, diferentes de nós, e escutá--las. Se falarmos somente conosco mesmos ou com alguém de nosso próprio grupo natural, ou se há algumas pessoas que simplesmente excluímos de nosso convívio e com quem não conseguimos nos imaginar falando, então possivelmente nos alijamos da oportunidade de aprender algo que ainda não descobrimos (KNITTER, 2008, p. 32).

Nessa visão, a diversidade possui maior valorização, firmada no cultivo da tolerância, na ênfase na alteridade e na valorização da identidade distinta do outro. Não se trata de negação da unidade, mas de uma busca de equilíbrio entre unidade e diversidade.

O teólogo reformado inglês, John Hick, envereda-se pelas produções e reflexões sobre o pluralismo e suas implicações para a teologia cristã a partir de novos rumos hermenêuticos: a hipótese pluralista (teocêntrica), distanciando-se das ideias exclusivistas e inclusivistas. A proposta reconhece as tradições religiosas distintas do Cristianismo como legítimas e autônomas no processo de salvação. Para isso, propõe o rompimento com as ideias da constitutividade salvífica de Jesus Cristo e a retirada de Cristo do centro do sistema solar religioso, colocando em seu lugar a Realidade Última, o Real.

Em *A metáfora do Deus encarnado* (2000), John Hick aprofunda as questões cristológicas e propõe sua revisão a partir da consideração da

> crença de que existe uma Realidade transcendente última que é a fonte e o fundamento de todas as coisas; que essa Realidade é benigna em relação à vida humana; que a presença universal dessa Realidade é refletida ("encarnada"), humanamente falando, nas vidas dos grandes líderes espirituais do mundo; e que entre estes todos encontramos Jesus como nossa principal revelação do Real e nosso principal guia para a vida (HICK, 2000, p. 219).

A proposta de Hick, portanto, rompe com uma visão absolutista da tradição cristã, convocando-a a ser um "Cristianismo que se vê uma religião verdadeira entre outras"; uma cor diante do grande arco-íris das religiões, transpassada pela luz do Real, que no horizonte cristão é chamado de Deus. Trata-se de

> uma fé cristã que assume ser Jesus o nosso guia espiritual supremo (mas não necessariamente único), o nosso senhor, líder, guru, exemplar e mestre pessoal e comunitário – mas não o próprio Deus em termos literais (HICK, 2000, p. 218).

E o mesmo autor considera o "Cristianismo como um contexto autêntico de salvação/libertação entre outros, que não se opõe a, mas interage de formas mutuamente criativas com os outros grandes caminhos" (HICK, 2000, p. 218).

Em *Teologia cristã e pluralismo religioso: o arco-íris das religiões* (2005), John Hick estabelece um frutífero debate sobre o que chamou de *hipótese pluralista*, e a apresenta na criativa forma de diálogo do autor com Fil e Graça, representantes das questões oriundas dos pensamentos filosófico e teológico, respectivamente.

Como se sabe, no âmbito da teologia cristã do pluralismo religioso, a questão cristológica precisa ser revisitada. Trata-se de oferecer outros olhares sobre conceitos centrais da fé cristã. Esse é um caminho traçado por John Hick, ao reinterpretar concepções clássicas como, por exemplo, o dogma da encarnação: o "Filho-de-Deus-feito-homem".

A partir do espaço da hipótese pluralista, em que é reconhecido o pluralismo religioso de princípio como manifestação do Real, a concepção de encarnação não pode ser vista em seu sentido literal, fechado, mas em sua abertura metafórica, carregada de novos significados. O encarnar-se é uma metáfora, não algo estabelecido exclusivamente, em que duas naturezas completas (humana e divina) convivem na pessoa de Jesus como algo indissociável.

A encarnação, ao ser interpretada metaforicamente, refere-se a uma abertura dos seres humanos à Realidade Última, que no Cristianismo chama-se Deus, em relação e obediência. Assim, qualquer pessoa humana que realize a vontade divina, lançando-se nela, é uma encarnação de Deus na terra, assim como Jesus, um exemplo notável

Pluralismo e libertação

desta metáfora. Hick está consciente de que "do ponto de vista da liderança eclesial, isto é descrença. Do ponto de vista de um crescente número de membros da Igreja que deram um passo nessa direção, isso constitui maior realismo e honestidade" (HICK, 2005, p. 30).

Essa ideia do lançar-se ao Real é fundamental nas teses de John Hick. É o centrar-se na Realidade Última – o fundamento de tudo, não esgotável, "finalmente real" – descentrando-se de si, do ponto de vista "egoico", a fonte do egoísmo e da injustiça. Essa mudança, o recentramento no divino, e não em si mesmo, é o que se pode chamar de salvação/libertação na teologia de Hick. Assim, a mediação salvífica em Jesus Cristo é questionada. Jesus é tomado, aqui, como um excepcional modelo de "frutos morais", radicalmente aberto ao Real/Deus e sinal de seu amor no mundo, na partilha dos sofrimentos da vida humana, na permanência ao lado dos corpos empobrecidos e no trabalho em prol da justiça e paz. Não é visto como salvador, o que cabe apenas à Realidade Última. Salvação/libertação é, portanto, a transformação profunda do ser humano na busca e encontro com o Real (salvador último) e identificada com os frutos (critérios éticos), sinal da encarnação divina na história. Aqui se encontra também um importante critério para se compreender as distintas religiões como possíveis caminhos de salvação/libertação: "pelos frutos conhecereis a árvore".

> Concentremo-nos na ideia de salvação, uma ideia que é absolutamente central para o pensamento cristão, tanto em sua versão tradicional quanto em sua versão revisionista. Se definirmos a salvação como o perdão e a aceitação por Deus pela morte expiatória de Jesus, então temos a tautologia de que o Cristianismo é o único a saber e ensinar a verdade salvífica, segundo a qual devemos aceitar Jesus como nosso Senhor e salvador, confessar sua morte redentora e ingressar na Igreja, entendida como a comunidade dos redimidos, na qual abundam os frutos do Espírito. Todavia, vimos que esse círculo de ideias contradiz nossa observação de que os frutos do Espírito parecem ser tão (ou tão pouco) evidentes fora da Igreja quanto dentro dela. Sugiro que deveríamos continuar a seguir a pista fornecida por esses frutos; pois Jesus evidentemente se preocupava mais com a vida dos homens e mulheres

do que com qualquer conjunto de proposições teológicas que pudessem ter em mente (HICK, 2005, pp. 39-40).

A hipótese pluralista de John Hick compreende o Real como centro do sistema solar religioso (não a pessoa de Jesus ou a Igreja) e reconhece que o pluralismo religioso é o meio pelo qual o Real também se apresenta, mostra-se. Porém, aponta que as experiências religiosas não o dominam. A luz perpassa o vitral, evidencia suas cores em sua pluralidade, mas não permanece fixa, é movimento. Assim, a partir das concepções epistemológicas *kantianas*, Hick interpreta cada experiência religiosa (*phenomenon*) como reflexo humanamente percebido da Realidade Última (*noumenon*).

As tensões que marcam as compreensões acerca de Jesus dentro de uma visão pluralista podem, além da hipótese de Hick, encontrar na noção de símbolo um bom equacionamento. É o que temos na contribuição ao debate sobre a elaboração e o uso de tipologias para a compreensão da fé cristã, em especial o papel de Cristo no processo salvífico, diante de outras religiões, da parte do teólogo Roger Haight. A concepção de Jesus como símbolo de Deus, aliada à ideia de um pluralismo normativo que possui Jesus como base para fé cristã sem desconsiderar a universalidade da salvação, revela a visão do autor.

Roger Haight tem se destacado por sua produção teológica crítica e propositiva. O teólogo tem procurado oferecer uma cuidadosa revisão das fontes bíblicas e doutrinárias do método teológico, com a constante preocupação com a transmissão da mensagem cristã para as culturas da atualidade. Dessa forma, procura repensar a fé, a revelação, o papel das Escrituras na Igreja e na teologia. É o que o autor apresentou com precisão em *Dinâmica da teologia* (2004). Para ele,

> a adequação relativa de qualquer concepção da teologia e de seu método só pode ser mensurada por seus resultados. Os resultados do fundamentalismo já conhecemos: uma inerte repetição do passado que falseia a própria mensagem e afugenta os ouvintes de hoje. Em contrapartida, um método hermenêutico mantém viva a tradição, reafirma-lhe

sua verdade, descobre o seu sentido existencial no futuro, aplica-o a culturas e problemas modernos e, por assim proceder, estimula e nutre a vida em Jesus Cristo e em sua Igreja (HAIGHT, 2004, p. 275).

Essa perspectiva, em linhas gerais, tem norteado o trabalho teológico do autor.

A visão crítica de Haight o tem levado até mesmo a estar sob avaliação dos setores eclesiásticos do Vaticano, como a Congregação para a Doutrina da Fé. Esse foi o caso da notificação que recebeu, em 2005, pela obra *Jesus, símbolo de Deus* (2003). Na referida obra, o autor apresenta uma cristologia "a partir de baixo", que valoriza a dimensão humana, que possui como base a experiência da salvação e que se articula com a dinâmica de abertura e de sensibilidade ao pluralismo religioso. Na explicitação de seu método cristológico, Haight o define como método hermenêutico de correlação crítica que busca "ser fiel ao testemunho do passado e interpretá-lo de maneira tal que seja significativo para a consciência contemporânea" (HAIGHT, 2003, p. 151).

Dentro do referido processo de ressignificação, Haight apresenta a cristologia realçando o caráter simbólico da linguagem religiosa e teológica. O símbolo remete a uma realidade mais profunda, estimula a busca, nos desafia à alteridade em torno daquilo que é desconhecido. Para o autor, os símbolos religiosos participam da transcendência e para ela apontam. Daí o célebre e controvertido título: *Jesus, símbolo de Deus*.

A obra causou não somente reações eclesiásticas conservadoras, mas, ao mesmo tempo, suscitou fortes debates nos meios acadêmicos e eclesiais. Isso levou Haight a apresentar, seis anos mais tarde, um novo texto: *O futuro da cristologia* (2008). O livro trata especialmente das questões suscitadas pela nova e emergente consciência e valorização positiva do pluralismo religioso no mundo. O texto propõe-se a elucidar, tanto para cristãos como para não cristãos, o fato de ser possível termos uma cristologia simultaneamente pluralista e ortodoxa. Para isso, o autor procura se distanciar de respostas puramente dogmáticas e também de polêmicas e debates estreitos e sectários. Ao contrário, indica a necessidade de

> uma conversação ampla, empática, mutuamente enriquecedora e implicitamente autocrítica. [...] Teólogos e teólogas cristãos são cada vez mais chamados a dirigir a palavra ao mundo além do Cristianismo com base na premissa de que se dirigirão aos membros pensantes de sua própria Igreja somente na medida em que conseguirem entrar em contato com as pessoas que estão do lado de fora dela (HAIGHT, 2008, p. 186).

Na obra *Jesus, símbolo de Deus* (2003) Roger Haight dedica um capítulo ao tema "Jesus e as religiões mundiais" (pp. 455-486), mas enfatiza que a descrição do relacionamento de Jesus com outras mediações religiosas de Deus é imprescindível para uma cristologia que deseje ser adequada e relevante para a atualidade. Mais do que isso, alerta para o fato de que tal inclusão não pode ser entendida como anexo ou adendo "ao final" de uma cristologia, mas deve integrar o próprio método cristológico, uma vez que a abertura ao pluralismo religioso é uma característica da vida cristã.

Como o estágio de desenvolvimento da teologia das religiões, marcado pela vitalidade de seu crescimento e pela complexidade do debate, ainda não possibilita sínteses satisfatórias, fazendo com que tenhamos que conviver com diferentes visões, métodos e posicionamentos, o autor apresenta, logo de início, uma perspectiva da relação entre o pluralismo religioso e a questão cristológica. Ainda que reconheça a fragilidade das tipologias e mesmo a contraprodução delas, quando se tornam esquemáticas e simplificadoras, Haight sintetiza as posições em torno da relação de Jesus e a salvação humanas e utiliza as seguintes nomenclaturas para cada modelo: exclusivismo, inclusivismo constitutivo, posição normativa não constitutiva e pluralismo.

O *exclusivismo* sustenta que não existe salvação alguma fora de um explícito contato e fé na pessoa de Jesus Cristo. O *inclusivismo constitutivo* é inclusivo porque defende que a salvação pode ser acessível a todos os seres humanos e é constitutivo porque considera Jesus a causa dessa salvação. A posição *normativa não constitutiva* defende a ideia de que Jesus é a norma ou medida da verdade religiosa e da salvação de Deus para toda a humanidade, ainda que não cause a ação divina salvífica, pois ela se desenrola fora da esfera cristã. O *pluralismo* reconhece a multiplicidade das religiões e seu valor salvífico e defende que outras mediações de salvação estão ou podem estar em "pé de igualdade" com Jesus Cristo.

Haight mostra que os cristãos podem relacionar-se com Jesus como normativo da verdade religiosa no tocante a Deus, ao mundo, à existência humana e à salvação e, ao mesmo tempo, crer que há também outras mediações religiosas que são verdadeiras e, portanto, também normativas. O autor realça o que Paul Knitter já afirmara: Jesus é "verdadeiro", mas "não o único" portador da salvação. Tal relatividade histórica leva o cristão a definir mais exatamente o conteúdo de sua fé em Jesus.

A normatividade de Jesus não exclui o pluralismo religioso, muito menos sua valorização positiva. Ao contrário, da mesma forma como a teologia cristã necessita interpretar toda a realidade, ela também julgará, em sentido de discernimento responsável, as demais religiões. O próprio Jesus fez isso, como expressam os Evangelhos. O argumento remonta, portanto, à tradição judaica da imanência e da transcendência simultâneas de Deus e reafirma a tradição cristã de ver Jesus como o mediador entre o humano e o divino. Deus é sempre maior e o conhecimento dele dá-se em uma dimensão de mistério. Nada nem ninguém têm a posse plena de Deus.

Sustentar que Jesus Cristo é normativo para a concepção cristã da realidade também não inibe o diálogo inter-religioso. Pelo contrário, a vinculação a Deus mediada por Jesus impele ao diálogo, uma vez que a fé cristã assume que nenhuma expressão humana, cultural ou religiosa esgota o mistério de Deus. Nesse sentido, portanto, "como as outras religiões são mediações efetivas da graça de Deus [...] os

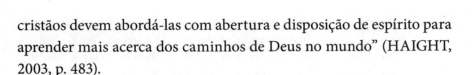

cristãos devem abordá-las com abertura e disposição de espírito para aprender mais acerca dos caminhos de Deus no mundo" (HAIGHT, 2003, p. 483).

2. A autêntica identidade é forjada no diálogo

A perspectiva do pluralismo teológico, em especial o papel de Cristo no processo salvífico e a valorização tanto da singularidade de Jesus como da universalidade da salvação, traz à tona o tema da identidade cristã. Nossa pressuposição é de que a identidade, para ser autêntica, precisa ser forjada no diálogo.

Para essa reflexão, recorremos, por diversas razões, à contribuição teológica de Andrés Torres Queiruga, um dos mais destacados pensadores europeus no campo da teologia. Ele tem procurado marcar suas reflexões teológicas por um aspecto de revisão e atualização dos principais temas da fé cristã. Seu pensamento é permeado pela busca incessante do sentido histórico das ideias teológicas e por isso procura fazer um retorno à tradição para redizê-la com fidelidade, de forma criativa, na liberdade e no diálogo com a cultura, nas categorias do tempo presente. Daí o uso da expressão "repensar" ou "recuperar" no título de muitas de suas obras.

Em suas reflexões, o autor destaca a universalidade da revelação cristã e a vê como a forma de Deus se manifestar na história concreta da vida humana. No entanto, compreende a revelação cristã sempre a partir do encontro com as demais religiões e culturas, além de considerar os aspectos conjunturais do atual contexto mundializado. O diálogo das religiões situa-se, assim, em um espaço comum, exigindo a formulação de novas categorias – como a de pluralismo assimétrico, teocentrismo jesuânico, inreligionação – e propiciando um novo espírito de acolhida, respeito e colaboração entre as religiões. Para Queiruga, uma vez reconhecida e afirmada a presença universal da salvação, essa opção se torna mais coerente. A partir dela parece possível chegar a um difícil equilíbrio que deve dar conta de duas frentes: por um lado, manter tanto o respeito ao valor intrínseco de todas as religiões quanto o realismo de reconhecer a independência de seu nascimento e desenvolvimento na história; por outro, e também por realismo histórico e antropológico, não ceder nem ao relativismo do "tudo é igual", nem ao achatamento do buscar a universalidade no mínimo denominador comum (QUEIRUGA, 2007, p. 190).

O pluralismo assimétrico não anula a vocação ecumênica. Ao contrário, a redimensiona, na medida em que "a 'lógica da gratuidade' deve substituir a 'lógica da concorrência' e, como está escrito, é preciso 'dar de graça o que de graça foi recebido'" (2007, p. 191). Queiruga busca um modelo de reflexão teológica ecumênica pautado no diálogo inter-religioso que saiba valorizar a disposição em reconhecer o dom salvífico nas diferentes expressões religiosas, como as visões inclusivistas o fazem, e que também aproveite os espaços autênticos de diálogo, como as visões pluralistas defendem, para se construir identidades.

Queiruga defende a visão de que todas as religiões devem buscar a máxima comunhão possível como ato de resposta humana ao amor universal de Deus. Isso se deve dar isentando-se das concepções de eleição ou privilégio da parte de Deus em relação a qualquer expressão religiosa em particular. Para o autor, é pela partilha da fé e da experiência da vida, naquilo que é compreendido pelos grupos como o que há de melhor, num diálogo repleto de respeito e alteridade, em um complexo mas ao mesmo tempo singelo movimento de dar e receber, que as religiões podem se aproximar do inesgotável mistério de Deus. Na medida em que é acolhido pelas diferentes religiões, Deus passa a ser o único centro, e elas deixam de se centrar em si mesmas e passam a gravitar em torno dele.

O diálogo não requer a destruição da identidade. Ao contrário, possibilita novas compreensões da identidade própria de cada grupo. A ideia é que a verdadeira e autêntica identidade não se encontra no passado morto, mas adiante, no futuro de Deus. Nesse sentido, as identidades são enriquecidas pelo encontro e tornam-se instrumentos de conversão e uma promessa de plenitude da experiência religiosa. É fato que o diálogo requer que cada grupo religioso mantenha sua identidade aberta, predisposta a descobertas e receptiva ao novo e às mudanças.

O autor lembra que as experiências de diálogo destroem, sim, as identidades "narcisistas", fechadas em torno de si mesmas, não condizentes com os próprios fundamentos da fé. Mais que isso, recorda também que mesmo sem um diálogo efetivo com outras religiões, o processo de revisão dos fundamentos da fé [identidade *semper reformanda*, nas palavras do autor] pode e deve se dar a partir de uma "anterioridade estrutural", de uma aguda pergunta interna para cada religião sobre a revelação de Deus. Será ela uma possessão própria ou salvação exclusiva ou a revelação de Deus, como indica o autor, manterá sempre viva a gratuidade de sua transcendência e sua intrínseca destinação a toda a humanidade?

Queiruga não ignora as realidades de violência, de disputas religiosas, de etnocentrismos e de desencontros entre as religiões. Todavia, considera que o encontro entre as religiões possa estar vivendo uma fase de florescimento. Os próprios fatores negativos tornam-se elementos constitutivos de uma nova visão, somados ao fato de a humanidade estar se tornando planetária. Tal perspectiva pode suscitar uma nova consciência dialogal. Como o autor se referiu:

> [daí] poderão sair potencialidades inéditas que nem sequer estamos em condições de suspeitar e que, em todo caso, não devemos limitar de antemão. De qualquer forma, se a situação não produz a complacência do acordo expresso, mantém, isso sim, por sua vez, a sensação viva do Mistério, a não monopolização do *Deus sempre maior*. E, com ela, a humildade do contínuo aprendizado, sem renunciar por isso ao oferecimento gratuito, nem à íntima alegria da própria convicção (QUEIRUGA, 2007, p. 199).

Em decorrência disso, o autor entende a autocompreensão do Cristianismo

> como culminação definitiva da revelação de Deus na história. Insistindo, fique claro, no fato de que tal culminação não priva nenhuma religião de sua verdade específica, pois refere-se unicamente às "chaves fundamentais", não à realização concreta, a qual é sempre deficiente por si mesma e em muitos aspectos pode estar, e de fato está, num estágio mais avançado em outras religiões (QUEIRUGA, 2007, p. 191).

Em direção similar, Raimon Panikkar realça a importância, para a teologia cristã, do processo de diálogo e de aproximação com outras religiões. Trata-se de ela ser fecundada pelas outras religiões do planeta para alcançar com maior legitimidade aquilo que lhe é característica histórica – a catolicidade –, mas que se perdeu em função dos processos de atrofiamento cultural. Ao mesmo tempo, é importante ressaltar que a perspectiva de catolicidade não é monopólio de uma religião em particular, mas, mesmo em distintas visões e linguagens, está afirmada em várias delas.

Para o autor, isso representa um ponto nevrálgico da teologia

> que não pode já, por mais tempo, atrofiar-se nas culturas semíticas (monoteístas, históricas, com um Deus legislador e juiz) com a concepção de um tempo linear (e, portanto, de uma "vida perdurável")... Precisamos de uma nova cosmologia e de um novo pluralismo (PANIKKAR, 2008, p. 252).

E Panikkar ainda enfatiza que "não esqueçamos que o fundamento do pluralismo é a experiência da contingência humana" (PANIKAR, 2008). Nesse sentido, é importante o que o autor nos lembra da tão difícil harmonia entre o universal e o concreto e como tal dificuldade se vê aumentada com a institucionalização das religiões a partir da afirmação de suas identidades por diferenciação.

Exemplar da busca de novos caminhos de identidade religiosa é a obra *Ícones do mistério: a experiência de Deus* (PANIKKAR, 2007). Nela, o autor insiste na ideia de que não se pode falar de Deus sem um prévio silêncio interior e que isso reverte, necessariamente, em um novo silêncio. Afirma também que o discurso sobre Deus é existencial, não relativo à Igreja, religião ou crença. Também não o é sobre um conceito, mas sobre um símbolo, e que Deus não é o único símbolo do divino.

Panikkar, na referida obra, indica lugares privilegiados da experiência de Deus, entendida não como ciência, mas como "o toque que temos com a realidade": o amor, o "tu", a alegria, o sofrimento e o mal, o perdão, a natureza e os momentos cruciais da vida. As experiências de Deus, forjadas no mistério que os símbolos, em suas insinuações e imagens, revelam, não são meramente racionais e somente podem surgir de corações puros, vazios e sem egoísmo. Nas palavras do autor:

> "Os de coração puro verão a Deus" diz uma bem-aventurança. Esta é a experiência de Deus. Meu eu não é o meu ego. O *ahambrahman* vedântico não é o *ahamkāra* egoísta. "Quem não se nega a si mesmo..." Isto é o que vos vem dizer os grandes mestres espirituais de praticamente todas as tradições. Trata-se de uma *agnosia, ignorantia, unknowing, Unwissenheit,* de um "não saber toda ciência transcendendo". Repitamos. Esta experiência está ao alcance de todo o coração puro. No fundo não faz falta e nem quer sabê-lo. "Eu te bendigo, Pai, porque o escondeste aos sábios e o revelaste aos pequenos" (PANIKKAR, 2007, pp. 248-249).

Em "Teologia da libertação e libertação da teologia", publicado no quinto volume da série "Os Muitos Caminhos de Deus", organizada pela Associação de Teólogos e Teólogas do Terceiro Mundo (ASETT), denominado *Por uma teologia planetária* (2011), Panikkar apresenta uma interpelação à Teologia Latino-americana da Libertação com o recurso do jogo de palavras, já há algum tempo consagrado por Juan Luis Segundo, em torno da necessidade de "libertação da teologia", como o próprio título do texto nos indica.

Nessa perspectiva, realça o tema do colonialismo, mostrando que a vocação da teologia e da fé cristã a um universalismo não pode ser confundida com uma visão monocultural, vista como expoente da cultura humana. O próprio processo de globalização não se pode tornar algo assim, como comumente se vê. A libertação também precisa se dar na visão do mundo e da história, tanto em relação ao pessimismo quanto à visão idealista da história que deseja transformar a terra em paraíso. Do ponto de vista do autor,

> devemos saber viver em um mundo injusto. Isso não quer dizer, de nenhum modo, evidentemente, que não nos esforcemos por criar um mundo mais justo na medida de nossas forças, mas isso exige de nós que *superemos o mito da história*, como nossa mortalidade nos lembra e nem por isso desanimamos (PANIKKAR, 2011, p. 174).

Portanto, a aproximação entre fés deve se dar no contexto de abertura que cada expressão religiosa possuir diante do Mistério. Não se trata de uma mera comunhão de crenças, mas as expressões de fé remontam à entrega pessoal e ao compromisso radical, que faz com que pessoas e grupos "toquem o infinito". E mais do que isso:

> A expressão de qualquer tentativa humana de se aproximar do Mistério deve ser *confessional*, sincera, pessoal e, portanto, relativa aos parâmetros culturais e religiosos do "confessor". Uma fé não confessa e apenas teoricamente formulada não é fé, pois também não o é quando se identifica com uma doutrina. A canção é canção só quando se canta; a fé é fé quando se vive, tema recorrente da Escritura cristã, uma vez que o justo vive da fé (cf. Rm 1,17; Gl 3,11; Hb 10,38, que repete Hab 2,4) (PANIKKAR, 2011, pp. 175-176).

Relativizar a própria expressão religiosa, no caso do Cristianismo, por exemplo, para se ter uma aproximação com outras, não pode ser razão para se eliminar as suas convicções mais profundas. No caso do labor teológico, ele deve ser visto como "disciplina espiritual que exige consagração plena à tarefa. Quem não tem fome e sede de justiça está impossibilitado para ser teólogo, que é uma livre atividade do Espírito" (PANIKKAR, 2011, p. 177).

> A teologia é a vocação de qualquer homem consciente de seu lugar no cosmos e que deseja viver sua humanidade em plenitude, utilizando

para isso todos os meios que estão ao seu alcance. Daí que não possa prescindir de nenhum anelo humano e, desde logo, também dos desejos legítimos do corpo – que tantas vezes foi ignorado por certa espiritualidade (PANIKKAR, 2011, pp. 177-178).

Trata-se, então, da libertação da teologia de ser um tipo de especialização científica de classificação e domínio de todos os campos; libertação de uma teologia que se vê como ciência abstrata e puramente descritiva. Ela, não obstante, a sua tarefa racional, deve estar permanentemente aberta aos insondáveis e surpreendentes mistérios divinos. Tal tarefa é comunitária, marcada pela humildade e pelo espírito dialogal.

Prosseguindo na ideia da libertação da teologia, Panikkar indica a importância da interculturalidade, uma vez que o mistério divino não é monopólio de qualquer cultura, entendida como as mais distintas formas de pensar, de ser, de viver no mundo e de se aproximar da realidade misteriosa, nominada por muitos como Deus. A interculturalidade exige a abertura ao *outro*, feita a partir de nossa própria cultura contingente. Trata-se do fundamento da alteridade, que possibilita amar o próximo como a nós mesmos. Sem a consideração da contingência de nossa própria cultura, isso não seria possível.

3. Pluralismo religioso, cristologia e o método teológico

Focalizar a questão cristológica diante do quadro de pluralismo religioso e dentro de uma perspectiva teológica ecumênica suscita, além da necessidade de se construir uma visão cristológica pluralista e de se forjar a identidade cristã a partir do diálogo, também uma revisão do método teológico. Trata-se de um ousado e profundo desafio. Muitos teólogos e muitas teólogas têm se dedicado a esse empreendimento. Entre tantas contribuições, desejamos destacar as de Claude Geffré e de Jacques Dupuis, sintetizadas por Daniel Souza em nosso livro *A teologia das religiões em foco* (RIBEIRO; SOUZA, 2012).

Embora a teologia das religiões permeie a produção de Geffré, ela é resultado de um empreendimento anterior em sua produção teológica: a reflexão da teologia como hermenêutica, com uma interpretação criativa e inovadora da fé. Tal visão pode ser sintetizada no título de um dos seus livros editados em português, *Crer e interpretar: a virada hermenêutica da teologia* (2004). O que norteia a reflexão deste autor são os questionamentos sobre novos rumos para a teologia, capazes de criar novas leituras e concepções da fé cristã. Por isso, ele procura correlacionar a experiência narrativa de fé presente no Novo Testamento, a releitura dos próprios textos durante a tradição e a experiência histórica contemporânea. A partir dessa realidade provocadora, o Cristianismo é questionado, indagado, reinterpretado e *re*-imaginado.

Assim, a teologia, para Claude Geffré, é um exercício hermenêutico, interpretativo, construído nesta interação triangular: narrativa-tradição-contexto. Diante disso, uma questão volta ao diálogo: Qual o significado do pluralismo religioso no plano de Deus? Com essa concepção apresentada, a resposta não será dada a partir de uma "série de enunciados dogmáticos [...], mas é o conjunto dos textos compreendidos no campo hermenêutico aberto pela revelação" (GEFFRÉ, 2004, p. 38). Como falar de Jesus? Como pensar a salvação? Como compreender a missão da Igreja? Não há uma resposta dogmática; tais questões exigem mudanças hermenêuticas.

A partir dessas considerações de uma teologia hermenêutica, Geffré estabelece uma teologia das religiões, compreendendo-a não apenas como uma nova área no arcabouço teológico, mas como um "novo paradigma teológico", um novo modo de fazer teologia. Nesse horizonte, o autor permanece nos *interstícios* entre dois paradigmas clássicos na teologia das religiões: entre o inclusivismo e o pluralismo, entre o cristocentrismo e o teocentrismo.

Ao reinterpretar a fé, Geffré não abandona concepções como a unicidade de Jesus Cristo, em sua manifestação definitiva e decisiva de Deus; não se aproxima de uma ideia de complementação e acabamento, no Cristianismo, das verdades presentes nas tradições religiosas; e reconhece o "valor intrínseco" das outras religiões, enquanto caminhos misteriosos de salvação. Rompe-se com os dois paradigmas; busca-se um outro.

Para alcançar esse espaço, o autor aborda um tema central na teologia das religiões: a cristologia; e assume o *pluralismo de princípio*, que reconhece a realidade do pluralismo religioso como vontade e automanifestação de Deus, para que essa Ultimidade revele-se por meio da diversidade de culturas e religiões.

A partir de uma reinterpretação da mensagem cristã diante do pluralismo religioso, as reflexões de Geffré tomam por lugar epistêmico uma região *entre* o pluralismo, que procura uma "revolução Copérnica" na teologia das religiões, ao colocar Deus no centro do sistema religioso, e *entre* o inclusivismo, que permanece com um cristocentrismo ao interpretar as outras tradições religiosas a partir de uma revelação incompleta da Ultimidade, com os seus "cristãos anônimos", que se completarão, no fim, com o Cristianismo.

Nesse sentido, a pergunta que motiva esse autor é: "como não cair num certo relativismo, como conciliar as exigências do diálogo e as exigências da fidelidade à unicidade do Cristianismo entre as religiões do mundo?" (GEFFRÉ, 2004, p. 132). Trata-se de uma proposta de construir um paradigma que responda ao horizonte da teologia no século XXI, marcado pelo pluralismo religioso, que não caia nem em uma dimensão relativista nem uma visão totalitária da fé cristã.

> Se falarmos de pluralismo religioso permitido por Deus, isto quer dizer que as outras religiões não são projeções das preparações da única verdade que é a verdade contida na revelação cristã, nem desvios em relação a esta verdade. Elas são simplesmente o estatuto de uma verdade *diferente*; e é esta diferença que é preciso pôr em prática. Deve-se reconhecer que a própria revelação cristã é inadequada em relação à

plenitude de verdade que está em Deus, assim como a humanidade de Jesus é inadequada em relação à riqueza do Verbo de Deus. Ela é ainda uma tradução... (GEFFRÉ, 2004, p. 147).

Com esse paradigma, Geffré apresenta a concepção de ecumenismo planetário ou inter-religioso. Como definição, essa nomenclatura vai além de um ecumenismo confessional, doutrinal, que abarca apenas as distintas tradições cristãs. Ao se referir a ecumenismo, o autor volta-se à dimensão de toda a terra habitada, a casa comum, com suas distintas tradições religiosas e formas de espiritualidade. Ao ser assim, valorizam-se as práticas ecumênicas relacionadas às grandes causas da humanidade, como a busca por uma cultura de paz na experimentação do diálogo inter-religioso.

Geffré busca construir três critérios básicos para que o diálogo na *oikoumene* aconteça: i) o respeito do outro em sua identidade própria, ao reconhecer a existência de diferenças entre as religiões, não caindo numa busca incessante por uma convergência religiosa, que pode levar a um *encobrimento* do outro; ii) a fidelidade no que diz respeito à sua própria tradição, pois o discurso é sempre construído a partir de um lugar, um espaço de fé; e iii) a necessidade de uma certa igualdade entre os parceiros no diálogo, em que se abre à escuta da fé um do outro, descobrindo que "*há um além do diálogo*": a transformação dos interlocutores. Não uma conversão à fé do outro, mas uma reinterpretação de suas próprias tradições.

Nessa relação que reconhece a existência de verdades diferentes e relacionais, a busca por um ecumenismo planetário necessita – segundo Geffré, a partir de Raimon Panikkar – de um critério de unidade entre as religiões. Segundo o teólogo francês, este critério não é nem Deus nem o *homo religiousus* de uma tradição fenomenológica da religião, mas uma reflexão de um "humano autêntico". Por essa consideração, os critérios de uma unidade das religiões mostram-se num *plano ético*, relacionado ao serviço à integralidade humana, em suas causas contemporâneas, bem como num *plano místico*, a abertura do ser humano a uma "alteridade transformante", descentrando-se de si mesmo e lançando-se em uma Realidade Última, salto que equivale a uma salvação.

Como síntese, Claude Geffré produz uma teologia das religiões a partir do seu projeto de uma "virada hermenêutica da teologia", reinterpretando a fé cristã a partir do contexto contemporâneo, com a presença e a valorização do pluralismo religioso, com as suas interpelações fundamentais e as suas aberturas de novos horizontes. Para tanto, localiza-se em um espaço ocupado por outros teólogos que desejam a elaboração de outro paradigma para além do pluralismo e do inclusivismo.

Outro enfoque também de caráter metodológico que indica como a perspectiva pluralista desafia o método teológico nós encontramos no teólogo católico belga Jacques Dupuis. Na relação com as experiências religiosas e a cultura indiana, Dupuis constrói a sua produção teológica guiado pela preocupação desafiante da relação de Jesus Cristo com as outras religiões. No movimento missionário de saída de seus limites e identidades fixas, a pergunta "E vocês, quem dizem que eu sou?" torna-se, para o teólogo, fundamental.

O autor constrói, assim, uma teologia que caminha entre as posições clássicas da teologia cristã das religiões. Se os modelos são: exclusivista (eclesiocêntrico), inclusivista (cristocêntrico), pluralista (teocêntrico), Dupuis produz na região fronteiriça: o pluralismo inclusivo (cristocentrismo teocêntrico). Esse novo modelo reconhece e acolhe o *pluralismo de princípio,* entendido como realidade e vontade de Deus, para que se revele através da diversidade de culturas e religiões; reconhecendo a unicidade de Jesus Cristo como revelação do amor de Deus para com a criação e a humanidade e o "valor intrínseco" das outras religiões, enquanto vias misteriosas de salvação.

Como síntese, a proposta de Dupuis é marcada pela valorização do encontro, pelo compromisso com um Deus que é graça e mistério, pelo embate diante das identidades absolutas e excludentes – eclesiocêntricas demais – e pela busca de uma teologia que esteja sempre a caminho, nunca fechada e estática, mas "*rumo a*", em constante movimento.

Ao adentrar os espaços de reflexão sobre a teologia cristã das religiões, Jacques Dupuis procura produzir teologia no contexto da práxis do diálogo inter-religioso, procurando, assim, uma "reflexão teológica *sobre* o diálogo e *no* diálogo" e também, a partir do horizonte do pluralismo religioso, elaborar um novo modo de fazer teologia. É o que traduz a sua obra *Rumo a uma teologia cristã do pluralismo religioso* (1999).

Para isso, procura se confrontar com o que é considerado por ele como centro da teologia das religiões: o problema cristológico. Quem é Jesus de Nazaré? O que implica seguir Jesus diante das realidades de pluralismo? A proposta, aqui, é revistar a cristologia e realizar essas questões constantemente.

O diálogo entre as fés contribui assim para a construção do Reino de Deus na história. Como sabemos, isso permanece orientado para sua plenitude escatológica no fim dos tempos. É lícito pensar que a convergência entre as tradições religiosas atingirá também ela sua meta na plenitude do Reino de Deus. No *éschaton* haverá lugar para uma "recapitulação" (*anakephaláiōsis*: Ef 1,10) escatológica em Cristo das tradições religiosas do mundo, que respeitará e salvaguardará o caráter irredutível impresso em cada tradição pela automanifestação de Deus por intermédio do seu Verbo e do seu Espírito. Tal recapitulação escatológica vai coincidir com a "perfeição" última (*teléiōsis*) do Filho de Deus como "causa de salvação eterna" (Hb 5,9), cuja influência permanece sujeita, até essa consumação final, a uma "reserva escatológica". Realizado o Reino de Deus, chegará o fim, "quando Cristo entregará o Reino a Deus Pai (...). e quando todas as coisas lhe tiverem sido submetidas, então o próprio Filho se submeterá àquele que tudo lhe submeteu, para que Deus seja tudo em todos" (1Cor 15,24-28) (DUPUIS, 1999, pp. 530-531).

A questão cristológica em foco

Esse caminho adotado procura assumir o cristocêntrico não anulando, porém, o horizonte teocêntrico: "mediante o filho, somos reconduzidos ao Deus que é Pai. O cristocentrismo pede o teocentrismo". Esta reflexão cristológica, sem permanecer fincada no inclusivismo ou no pluralismo, é a articulação fronteiriça construída por Dupuis em sua teologia, um cristocentrismo teocêntrico.

Nesse sentido, o autor propõe uma reflexão cristológica que pode ser apresentada em três eixos principais: i) uma cristologia integral; ii) uma cristologia trinitária e pneumática; e iii) uma cristologia reinocêntrica. Para iniciar, a busca por uma reflexão integral da cristologia implica assumir como ponto de partida a vida de Jesus de Nazaré, em seu seguimento e em sua prática. A partir desse lugar, busca-se a sua totalidade: Jesus é o Cristo, articulando dados complementares aparentemente contraditórios do mistério de Jesus Cristo, conjugando as visões "de cima" (a partir do Filho de Deus) com as "de baixo" (a partir de Jesus de Nazaré). Ainda, afirma-se a fé na unicidade de Jesus e a sua universalidade, mas é reconhecido que Jesus não pode ser absolutizado. Nenhuma dimensão concreta assume o lugar da Ultimicidade e nenhuma contingência histórica limita a ação do Absoluto. Deus é maior que Jesus.

Uma cristologia trinitária e pneumática procura repensar o mistério cristológico a partir das relações intratrinitárias, numa concepção do "Filho-de-Deus-feito-homem-na-história". Por essa razão, Dupuis acredita que não se pode permitir que a centralidade histórica do evento-Cristo encubra a estrutura trinitária da economia divina. Jesus Cristo não substitui o *Abba*. Não é o fim ou meta, mas caminho, travessia. O Pai é a realidade última que se lança em salvação e para onde trilha a vida de Jesus. Assim também é compreendida a relação com o Espírito, *ruah*, que se movimenta e se mostra como guia permanecendo quer antes quer depois do evento histórico de Jesus Cristo. Mas também a presença do Logos não encarnado que persiste também depois da encarnação (Jo 1,14), não se limitando a ela. Assim, se Jesus é imagem de Deus para o mundo, outras "vias de salvação" – remete-se ao salvador, que é o próprio Deus – também podem ser iluminadas pelo Verbo de Deus e receberem o vento do Espírito, que imerge numa presença de amor.

Por fim, uma cristologia reinocêntrica compreende que a mensagem central de Jesus de Nazaré não foi ele mesmo, mas o reinado de Deus, que coloca o *Abba* no centro da ação de Jesus. Ao ser assim, as fronteiras são alargadas, as concepções são transformadas sobre a centralidade da vida cristã. Fala-se, agora, em universalidade do Reino e da ação de Deus. Por ser dessa maneira, participantes de experiências religiosas distintas podem seguir a vocação por meio de suas tradições religiosas e responderem ao convite de Deus em seu mistério e se tornarem membros ativos do reinado do *Abba*.

Considerações finais

Nosso esforço nas reflexões feitas foi o de apresentar uma perspectiva plural na relação inter-religiosa. Defendemos a visão de que cada expressão religiosa tem a sua proposta salvífica e de fé, que devem ser aceitas, respeitadas, valorizadas e aprimoradas a partir de um diálogo e aproximação mútuos.

Tal perspectiva não anula nem diminui o valor das identidades religiosas – no caso da fé cristã, a importância de Cristo –, mas leva-as a um aprofundamento e amadurecimento, movidos pelo diálogo e pela confrontação justa, amável e corresponsável. Assim, a fé cristã, por exemplo, seria reinterpretada a partir do confronto dialógico e criativo com as demais fés. O mesmo deve se dar com toda e qualquer tradição religiosa. Consideramos que tal visão, em certo sentido, supera outros modelos, como o que considera Jesus Cristo e a Igreja como caminho exclusivo de salvação; o que considera Jesus Cristo como caminho de salvação para todos, ainda que implicitamente, o que se denominou inclusivismo; e a perspectiva relativista na qual Jesus é o caminho para os cristãos, enquanto para os outros o caminho é a sua própria tradição, sem maiores esforços de autocríticas, revisões e mútua interpelação.

Como vimos, na visão pluralista, os elementos-chave da vivência religiosa e humana em geral são alteridade, respeito à diferença e diálogo e cooperação prática e ética em torno da busca da justiça em relação a grupos empobrecidos e subjugados pelas mais diferentes formas de dominação e pela busca do bem comum. A aproximação e o diálogo entre grupos de distintas expressões religiosas cooperam para que elas possam construir ou reconstruir suas identidades e princípios fundantes. Daí a nossa ênfase no diálogo como condição imprescindível para se construir uma identidade autêntica.

No caso da fé cristã, por exemplo, cabe elucidar perguntas cruciais, dentro do contexto de diálogo entre as religiões, que giram em torno do sentido e do significado de Cristo para ela mesma e, também, como o mistério cristológico, com suas consequentes implicações éticas no mundo, pode ser vivenciado e melhor compreendido. O mesmo diríamos, de forma similar, para as demais perspectivas e expressões religiosas, que a partir do diálogo reconstruiriam permanentemente suas contribuições para o mundo, dentro dos critérios da justiça, da paz e da integridade da criação.

Referências

DUPUIS, Jacques. *Rumo a uma teologia cristã do pluralismo religioso*. São Paulo: Paulinas, 1999.
GEFFRÉ, Claude. *Crer e interpretar*; a virada hermenêutica da teologia. São Paulo: Vozes, 2004.
HAIGHT, Roger. *Jesus, símbolo de Deus*. São Paulo: Paulinas, 2003.
_____. *A dinâmica da teologia*. São Paulo: Paulinas, 2004.
_____. *O futuro da cristologia*. São Paulo: Paulinas, 2008.
HICK, John. *A metáfora do Deus encarnado*. Petrópolis: Vozes, 2000.
_____. *Teologia cristã e pluralismo religioso*; o arco-íris das religiões. Juiz de Fora: PPCIR, 2005.
KNITTER, Paul. *No Other Name? A critical survey of Christian attitudes toward the world religions*. Maryknoll: Orbis Books, 1985.

_____. *One Earth Many Religions*; multifaith dialogue and global responsibility. Maryknoll: Orbis Books, 1995.

_____. *Introdução às teologias das religiões*. São Paulo: Paulinas, 2008.

_____. *Jesus e os outros nomes*; missão cristã e responsabilidade global. São Bernardo do Campo: Nhanduti, 2010.

_____; HICK, John Hick (org.). *The Myth of Christian Uniqueness*. Maryknoll: Orbis Books, 1987.

PANIKKAR, Raimon. *Ícones do Mistério*: a experiência de Deus. São Paulo: Paulinas, 2007.

_____. A interpelação do pluralismo religioso. Teologia católica do terceiro milênio (pp. 235-252). In: ASETT (org.). *Teologia Pluralista Libertadora Intercontinental*. São Paulo: Paulinas, 2008.

_____. Teologia da Libertação e libertação da teologia (pp. 173-180). In: ASETT (org.). *Por uma teologia planetária*. São Paulo: Paulinas, 2011.

QUEIRUGA, Andrés Torres. *Autocompreensão cristã*; diálogo das religiões. São Paulo: Paulinas, 2007.

RIBEIRO, Claudio de Oliveira; SOUZA, Daniel Santos. *A teologia das religiões em foco*. São Paulo: Paulinas, 2012.

A teologia latino-americana e o pluralismo religioso

Introdução

Quando olhamos para o quadro teológico latino-americano, vemos uma densa e variada riqueza do seu legado para as novas gerações. Dele emergem especialmente a dimensão comunitária da fé cristã, as dimensões sociais e políticas do compromisso cristão com a defesa da vida, com a solidariedade humana, com a sustentabilidade do mundo, com as formas de inclusão e de cidadania, com o exercício dos direitos humanos e com a integridade da criação. Diante dos esforços em forjar e garantir o referido legado, há desafios enormes que marcam o contexto teológico latino-americano.

Não obstante as muitas e diversificadas análises, reconhecemos que não é tarefa simples indicar tais desafios. Há, no entanto, três aspectos que têm mobilizado a atenção de teólogos e de teólogas, e que a mim tocam de forma bem intensa. O primeiro deles é a tarefa de alargamento metodológico e de atualização nas formas de compreensão da realidade, pressuposto sempre presente nas teologias de caráter social e político. No caso latino-americano, trata-se de avaliar o peso dos esquemas reducionistas que utilizaram em demasia a bipolaridade "dominantes x dominados" de certas formas de marxismo nas análises sociais, ocultando por vezes a complexidade social. Nesse sentido, defendemos uma lógica plural para o conhecimento das situações em que vivemos.

Um segundo desafio é com relação à espiritualidade. Não foram poucas as vezes em que a Teologia da Libertação foi acusada de não ter espiritualidade. É fato que as dimensões racionais presentes no método teológico latino-americano, como as mediações socioanalíticas para compreensão da realidade, o rigor nas exegeses bíblicas e nas avaliações históricas e as formas articuladas de ação eclesial e política, marcam uma ambientação de racionalidade que pode inibir formas mais subjetivas de espiritualidade. Mas a mística evangélica é parte constitutiva da participação cristã nos processos de libertação social. Daí a emergência de grandes desafios teológicos e pastorais, em geral requerendo uma abertura a visões marcadas por pluralidade.

Um terceiro desafio reside em torno do encontro da teologia com o pluralismo religioso. A teologia latino-americana priorizou o dado político para suas interpretações e nem sempre esteve atenta às diferenças culturais, que, no caso de nosso continente, são fortemente entrelaçadas com a diversidade das expressões religiosas.

A seguir, desejamos, ainda que panoramicamente, comentar o terceiro desafio.[1] Nossa pressuposição, como já referido, é de que a perspectiva pluralista das religiões tem interpelado fortemente o contexto teológico latino-americano, especialmente por sua vocação

---

[1] Os dois primeiros desafios, procurei apresentá-los em duas obras: *A Teologia da Libertação morreu? Reino de Deus e espiritualidade hoje* (2010) e *Libertação e gratuidade: reflexões teológicas sobre a espiritualidade* (2013).

libertadora e pelos desafios que advêm de sua composição cultural fortemente marcada por diferenças religiosas que se interpenetram nas mais diferentes formas.

A teologia latino-americana da libertação, dentre seus muitos desafios, tem elaborado uma consistente reflexão sobre os desafios do pluralismo religioso.[2] Nossa suposição é que a perspectiva ecumênica elimina ou atenua o caráter de apologia, de sectarismo ou de exclusivismo nas reflexões teológicas e nas experiências religiosas. Deus é sempre maior do que qualquer compreensão ou realidade humana. Ele age livremente, em especial na ação salvífica.

Nesse sentido, como já nos referimos, não é preciso estar excessivamente preocupado em descobrir quem é ou será salvo (para utilizar o imaginário comum dos cristãos), mas, no caso dessa mesma tradição religiosa, quem é e o que representa Jesus Cristo para a comunidade cristã. Em um primeiro momento, o que deve preocupar, portanto, é uma categoria cristológica: o *seguimento de Jesus*. Este privilegia a humanidade e seus dilemas. Deus se sujeita a ela; quer ser humano. Ao assumir a existência humana, ele articula as questões da vida e da morte: da vida, porque é criador e misericordioso; da morte, porque é humano.

A reflexão e a tensão entre a vida e a morte produzem muitas interpelações. Uma delas, que desejamos destacar, é que a fé cristã não pertence, fundamentalmente, à ordem do conhecimento e da representação política ou eclesiástica, mas, sim, da vida, em seu sentido amplo e radical. Tal perspectiva indicou José Comblin em "O debate atual sobre o universalismo cristão", um antigo texto publicado

---

[2] O marco dessas reflexões foi a publicação de uma série de livros, sob os auspícios da Associação dos Teólogos e Teólogas do Terceiro Mundo (ASETT): *Pelos muitos caminhos de Deus: desafios do pluralismo religioso à teologia da libertação* (2003), *Pluralismo e libertação: por uma teologia latino-americana pluralista a partir da fé cristã* (2005), *Teologia latino-americana pluralista da libertação* (2006), *Teologia pluralista libertadora intercontinental* (2008) e *Por uma teologia planetária* (2011). Ao lado dessas obras, um volume considerável de textos tem sido produzido em terras latino-americanas.

Pluralismo e libertação

na revista *Concilium*, que em certo sentido é precursor do tema da teologia das religiões em terras latino-americanas. Para o autor,

> ser cristão não é revestir-se de um conjunto de conhecimentos ou de estruturas. É viver, libertar-se do que não é vida, para viver plenamente. Jesus se define assim: a vida, o caminho, a porta, o pão, a luz. Ele dá a vida, a saúde, o dinamismo, atira à ação. Não se trata simplesmente da vida biológica, nem tampouco de uma realidade estranha à vida biológica: trata-se desse tônus vital que é parte da responsabilidade de cada um na sua intensidade de vida (COMBLIN, 1980, p. 81).

Essa perspectiva remete-nos, entre outros fatores, a algo recorrente em nossas reflexões e que julgamos adequado repetir. Trata-se da busca de um paradigma para a teologia das religiões. Ou seja, seria a superação dos modelos já consagrados, como o que considera Jesus Cristo e a Igreja como caminho necessário para a salvação (exclusivismo); o que considera Jesus Cristo como caminho de salvação para todos, ainda que implicitamente (inclusivismo); e aquele no qual Jesus é o caminho para os cristãos, enquanto para os outros o caminho é sua própria tradição, sem grandes preocupações com autocríticas, revisões e mudanças (relativismo). A perspectiva pluralista, para além destas, possui como característica básica a noção de que cada religião tem sua proposta salvífica e de fé, que deve ser aceita, respeitada e aprimorada a partir de um diálogo e aproximação mútuos. Assim, a fé cristã, por exemplo, necessita ser reinterpretada a partir do confronto dialógico e criativo com as demais fés. O mesmo deve se dar com toda e qualquer tradição religiosa. Dentro de uma visão pluralista, os elementos-chave da vivência religiosa e humana são, em geral, alteridade, respeito à diferença, diálogo e cooperação prática e ética em torno da busca da justiça e do bem comum.

No caso da teologia cristã – e as demais perspectivas religiosas estariam da mesma forma implicadas –, a concepção pluralista de uma teologia ecumênica das religiões forjaria pelo menos duas questões fundamentais: a) Qual é o sentido/significado das questões relativas à fé cristã (como Cristo, a Igreja, o Reino de Deus, a salvação, o

Espírito Santo, a criação etc.), ao pensarmos em "um novo modo de fazer teologia" num contexto de pluralismo religioso?; b) E como o diálogo e a aproximação concreta entre as religiões contribuem para melhor compreensão da fé cristã (e das outras tradições) e suas consequentes implicações éticas no mundo?

Ao reforçar as dimensões do plural e do diálogo e ao indicar o desafio do debate ecumênico das religiões, desejamos mostrar que lógica plural é fundamental para o método teológico e para a vivência religiosa. Entre os muitos desafios para o contexto teológico latino-americano, indicamos apenas quatro: a importância pública das religiões para os processos de promoção da paz e da justiça; a necessidade de mudança de lugar teológico a partir da realidade das culturas religiosas afro-indígenas; a contribuição da teologia feminista da libertação para o debate do pluralismo religioso e o valor da mística e da alteridade na formação de espiritualidades ecumênicas.

1. A referência da justiça e da paz

Um dos elementos que desafia fortemente a reflexão teológica é o destino da humanidade e do cosmo. Os esforços que valorizam a capacidade de diálogo e de sensibilidade ecumênica e que destacam a importância pública das religiões têm a pressuposição de que a espiritualidade ecumênica não somente requer como possibilita visão dialógica e profunda sensibilidade para a valorização da vida e a promoção da paz e da justiça. Diversos pensadores de renome como, por exemplo, Hans Küng e Jürgen Moltmann, no campo europeu, têm contribuído para tais reflexões. No campo latino-americano, podemos destacar teólogos como Julio de Santa Ana e José Comblin, pois eles aprofundaram a reflexão sobre os desafios pastorais no contexto sociopolítico latino-americano, enfocando a renovação eclesiológica a partir da experiência dos pobres, o ecumenismo e a crítica às instituições políticas e eclesiásticas.

Pluralismo e libertação

Para a importância das religiões nos processos de promoção da paz e da justiça, devemos pressupor a conhecida tríplice dimensão do ecumenismo: a *unidade cristã*, a partir do reconhecimento do escândalo histórico das divisões e da preocupação em construir perspectivas missionárias ecumênicas; a *promoção da vida*, firmada nos ideais utópicos de uma sociedade justa e solidária e na compreensão de que eles podem reger a organização da sociedade integrando todos os de "boa vontade"; e o *diálogo inter-religioso*, na busca incessante da superação dos conflitos, da paz e da comunhão universal dos povos.

Sobre a importância pública das religiões e o lugar delas na busca pela paz, devem-se questionar os pensamentos secularizantes, inclusive teológicos, que marcaram o século XX, sob a inspiração, sobretudo, de Max Weber, que relegava às religiões uma progressiva diminuição do papel de interferência no cenário social e político. Em diferentes contextos, as religiões nos últimos anos se mostraram relevantes nos acontecimentos e processos sociais e estiveram bem relacionadas com os diferentes aspectos da vida. Esse entrelaçamento com as múltiplas dimensões da vida social tem produzido ações de colorações ideológicas distintas, por vezes até mesmo antagônicas, ora reforçando ou gerando formas de violência, ora sendo construtoras da paz e da justiça. O fato é que não se pode negar a importância pública das crenças religiosas (SANTA ANA, 2010).

Diante disso, é de fundamental importância uma análise atenta aos processos religiosos que florescem no mundo todo e como eles se inter-relacionam entre si e dentro de cada tradição. Esse conjunto de relacionamentos, favorecido enormemente pelos processos de globalização e de fortalecimentos de instituições internacionais governamentais e não governamentais, forja relacionamentos positivos entre os povos do mundo. Ao mesmo tempo, há situações nas quais tal aproximação se desvanece, o que gera as possibilidades de reinício dos conflitos.

A compreensão da situação conflitiva das religiões possibilita percebê-las não somente como negativas, uma vez que podem ser

A teologia latino-americana e o pluralismo religioso

portadoras de uma nova sensibilidade sobre a necessidade de se superar os antagonismos e a intolerância. É o que nos indica Julio de Santa Ana ao reafirmar que

> esta possibilidade leva-nos, mais uma vez, a considerar que as religiões devem ser analisadas e interpretadas como parte muito importante da vida pública. Certamente, desempenham a função de pôr em relação (*religare*, segundo a palavra latina) os crentes com o Ser Supremo, com a Realidade Última (segundo a expressão de Paul Tillich). Mas ficaríamos num tipo de visão míope e nem perceberíamos que este contato pode ser feito em *todos* os níveis da vida (SANTA ANA, 2010, p. 106).

Portanto, não obstante os aspectos negativos das interfaces das religiões com a cultura e com a política, ao gerar formas de violência, um olhar teológico sobre as religiões deve priorizar a abertura dialogal presente na vida, como elemento antropológico. O diálogo aumenta a capacidade humana de autorrealização e de realização do outro. Ele é um reconhecimento de que o outro me permite uma transição para uma nova posição. Tal situação estimula e possibilita as práticas do fazer-se humano e, ao mesmo tempo, cria condições para que os processos teóricos de compreensão da vida sejam mais completos e consistentes. "Quando o diálogo é estabelecido, não só se experimenta uma preocupação teórica (quem dialoga conosco), mas também é manifestado um compromisso prático, que, ademais, exige uma compreensão mútua" (SANTA ANA, 2010, p. 112). Trata-se do *Eu e Tu*, de Martin Buber. É a consciência descobrindo a si mesma como existência graças ao outro. Essa tem sido e transparece como forte necessidade de ser uma das fontes fundamentais de inspiração do movimento ecumênico.

Assim, vai-se tecendo a trama da *teologia das religiões*. Está muito próximo o assunto do diálogo inter-religioso. E podemos dizer, tendo em conta seu caráter inovador, que converge com a teologia da libertação. No contexto do fazer teológico, tal como se apresenta em nosso tempo, é uma verdadeira promessa. E, como tal, indica novos rumos à teologia. Não é o momento de analisá-la. Seu exame nos levaria a considerar questões fundamentais para nossas maneiras de viver as diferentes expressões de fé (SANTA ANA, 2010, pp. 116-117).

Nos processos de construção da paz e da justiça, as análises globais das relações de dominação são, obviamente, fundamentais. Muitos teólogos e cientistas da religião têm se debruçado sobre as relações Norte-Sul e sobre os interesses econômicos e geopolíticos em torno das relações entre países, bem como sobre o papel das religiões nesses processos.

Seguindo a tradição teológica latino-americana, afirmamos que é com as relações de dominação e de exclusão que marcam a atualidade, que caracterizam o domínio de um "novo império", capitaneado pelos Estados Unidos da América, que condiciona e dirige todas as formas de pensamento, modos de viver e sistemas de valores.

A própria teologia se rende ao império na medida em que camufla em seus postulados os conflitos que marcam o mundo contemporâneo. Gera-se aí uma teologia distante do querigma evangélico fundado na fé em Jesus Cristo. A pergunta fundamental a ser respondida pelos círculos teológicos e eclesiais é se o caminho de evangelização desejado deve ser definido "com as armas do império – repetindo erros do passado – ou pelo diálogo com as religiões do mundo?" (COMBLIN, 2005, p. 10).

Em relação ao tema da missão, reconhecemos que ele foi desafiado pela teologia do pluralismo religioso, consequência da descolonização. Sabe-se que alguns grupos cristãos chegam a colocar em dúvida a própria missão ao se perguntarem se ela não teria como finalidade e como efeito a destruição das outras religiões e das outras culturas. José Comblin, por exemplo, defende uma teologia da missão dentro do quadro de pluralismo religioso.

A revelação não é dom exclusivo do Cristianismo. Ora, se todas as religiões receberam algo da revelação, pode haver diálogo e comunicação mútua entre elas. Todas podem aprender a parte de verdade

A teologia latino-americana e o pluralismo religioso

que lhes foi revelada. Essas são questões levantadas pelo pluralismo das religiões.

Por sua vez, a missão gera uma relação entre o missionário e os seus interlocutores. Durante séculos a relação era entre um missionário, que sabia toda a verdade e ensinava essa verdade, e a outra pessoa, que era ignorante. Estabelecia-se, assim, uma relação entre tudo e nada.

Agora, esse tipo de relação fica questionado. Voltando às origens, chega-se à consciência de que a missão não pode ser de conquista, nem aberta, nem sub-reptícia. Ela não pode ser uma imposição, mesmo uma imposição disfarçada pela superioridade intelectual do missionário. Hoje, a doutrina missiológica professa que a missão se realiza no diálogo. Um diálogo supõe o encontro entre duas pessoas iguais, que, pelo menos, se situam em nível de igualdade. Não há diálogo possível entre superior e inferior (COMBLIN, 2005, pp. 20-21).

Mas como se fará o encontro do Cristianismo com as demais religiões? Para o autor

> se hoje as Igrejas querem evangelizar, não podem evitar o diálogo com as grandes religiões – como se fez desde o século XVII, quando Roma cortou as relações com as religiões da China e da Índia, condenando os jesuítas que se haviam lançado à missão. Foi a primeira grande chance de evangelização perdida por causa do fetichismo dos dogmas (COMBLIN, 2005, p. 8).

Os processos de evangelização não podem repetir as marcas de orgulho, agressividade, conquista e dominação do Cristianismo no passado. Uma nova atitude missionária, distanciada das forças militares, políticas, econômicas e culturais do império, deve dar base para um diálogo com as religiões mundiais. Trata-se de evangelizar sem superioridade de poder. Esse diálogo deve se constituir como referência para todas as questões teológicas.

O diálogo advindo do pluralismo religioso está relacionado à questão da pobreza, pois ela é crucial para a fé cristã. Qual é a mensagem

Pluralismo e libertação

do Cristianismo em meio a outras religiões? Em que ele se distingue? Se o Cristianismo conseguir dar visibilidade à sua questão teológica primordial, prévia a qualquer exposição, que é a situação das pessoas pobres, ele poderá dar uma contribuição significativa para o diálogo inter-religioso.

> Temos poucas experiências de missão no diálogo com as religiões, porque o que mais determinou a história do Cristianismo no Império Romano foi o diálogo com os filósofos gregos. Quase nada sabemos do que aconteceu com os cristãos no Império Persa. Já que estes cristãos eram tratados como espiões do Império Romano, não tiveram muita oportunidade de desenvolvimento. Seria preciso examinar mais atentamente o que aconteceu na Igreja da Etiópia, já que é a única que nos vem dos primeiros séculos, e procurar juntar documentação sobre as experiências de evangelização sem conquista. Ver, por exemplo, como, na Coreia, o Cristianismo e as religiões locais reagiram uma sobre a outra.
> A experiência dos filósofos cristãos foi uma experiência de elites sociais e intelectuais. O que conhecemos menos é o contato e a comunicação entre o Cristianismo e as outras religiões entre os pobres (COMBLIN, 2005, pp. 23-24).

Tal perspectiva está relacionada ao dado da revelação. Deus se revelou a Israel, em especial aos profetas, dentro da cultura, conceitos e palavras hebraicas, mas revelou também que eles "não conheceram toda a verdade e cometeram erros. Deus revelou-lhes que também podiam errar. (...) Não podia [Deus] ter feito a mesma coisa com os fundadores das grandes religiões mundiais? Essas são questões para a teologia atual" (COMBLIN, 2005, p. 33).

O que está em questão, portanto, é o papel das religiões nos processos de estabelecimento da paz, da justiça e da sustentabilidade da vida. Consideramos, por suposto, que as grandes questões que afetam a humanidade e toda a criação requerem indicações teológicas consistentes e que há processos de abertura e de diálogo entre distintas religiões, em diversas frentes de ação, assim como há processos de enrijecimento das perspectivas religiosas, fortalecimento

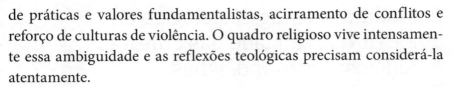

de práticas e valores fundamentalistas, acirramento de conflitos e reforço de culturas de violência. O quadro religioso vive intensamente essa ambiguidade e as reflexões teológicas precisam considerá-la atentamente.

Outra pressuposição importante com que trabalhamos é que diante das diversas indagações sobre a vida, em especial os temas que envolvem a paz e a justiça no mundo, são necessários eixos norteadores para que a reflexão teológica possua a abrangência capaz de ser relevante diante dos desafios que a sociedade apresenta na atualidade. Nossa proposição é que a perspectiva ecumênica, uma vez articulada com as dimensões sociais, políticas, econômicas e culturais, dentro dos variados contextos históricos, pode oferecer densidade e amplitude para a reflexão teológica. Os esforços que valorizam a capacidade de diálogo e de sensibilidade ecumênica e os que destacam a importância pública das religiões partem da concepção de que a perspectiva ecumênica, tanto em nível prático quanto em nível teórico-metodológico, requer e possibilita uma compreensão mais apurada da realidade, um aperfeiçoamento de visões dialógicas e o cultivo de maior sensibilidade para a valorização da vida e para a promoção da paz e da justiça.

Destacamos o valor do humano e da ética social para o diálogo inter-religioso, as possibilidades de uma unidade aberta, convidativa e integradora no âmbito das religiões, a importância pública das religiões, e a relação entre o poder do império e o poder do diálogo das religiões. Com isso, realçam-se as possibilidades de uma teologia ecumênica das religiões tendo como eixo articulador a preocupação com a paz, a justiça e a integridade da criação.

2. Mudança de lugar teológico a partir da realidade das culturas religiosas afro-indígenas

As temáticas relativas às tensões entre teologia e cultura, como se sabe, são diversas, especialmente em função das rápidas mudanças socioculturais, políticas e econômicas em curso no Brasil e no mundo. Basta lembrar as questões que emergem das realidades urbanas, as bioéticas, as de gênero, as que surgem das formas de consumo, e tantas outras. Todas elas desafiam a reflexão teológica e, como todas possuem interfaces agudas com as experiências religiosas, desafiam igualmente as ciências da religião. Portanto, a relação entre fé e cultura – ou, para ser mais preciso: entre fés e culturas [no plural] – marca os principais debates no cenário teológico, não obstante as diferenças de épocas e de contextos. Trata-se de uma relação extremamente complexa e desafiadora.

No caso brasileiro e latino-americano em geral, são diversas as arestas que estão presentes no quadro das relações entre fé e cultura, especialmente pela simbiose das culturas africanas, indígenas e as formas de Cristianismos que se tornaram hegemônicas no continente.

Consideramos que urge tratar de uma dessas arestas que se refere às possibilidades de alargamento metodológico da teologia, questionando o excessivo racionalismo deste, a partir de uma aproximação da fé cristã com as experiências religiosas marcadas pelas culturas afro-indígenas, base da realidade cultural latino-americana.

É preciso ressaltar a necessidade de mudança de lugar teológico a partir da realidade das culturas religiosas afro-indígenas, destacar a contribuição de uma teologia indígena, especialmente por desfrutar da tensão criativa entre ritualidade e racionalidade, ressaltar também a contribuição da teologia negra quando articula as subjetividades do mundo afro-brasileiro e a racionalidade cristã ocidental e realçar

A teologia latino-americana e o pluralismo religioso

o valor teológico do sincretismo – aqui entendido como expressão positiva de interculturalidade – com vistas a uma teologia entrefés.

Nossa pressuposição é que a realidade das culturas religiosas afro-indígenas que marcam o contexto latino-americano requerem uma mudança do lugar teológico e uma revisão do método teológico em diferentes aspectos. Não obstante certas idealizações das referidas culturas, que precisam ser descartadas em nossas análises, não se pode negar seus traços significativos, como, por exemplo, a primazia da vivência comunitária em detrimento das lógicas doutrinais e formais e a maior ênfase na dimensão do despojamento e da autodoação em contraposição às formas cristológicas sacrificialistas. Tais visões, entre outros aspectos, são indicações de um novo/antigo caminho teológico que levaria a reflexão teológica a rever o seu forte acento racionalista.

A proposta de mudança de lugar teológico, que inclua a possibilidade de fazer teologia a partir da realidade das culturas religiosas afro-indígenas, precisaria articular dois polos de reflexão: o que emerge do ponto de vista da experiência afro-americana e o que se efetua dentro do marco das culturas indígenas, considerando que ambas releem e reinterpretam criativamente a partir de suas próprias experiências e símbolos a perspectiva teológica e religiosa latina da fé cristã.

O referencial hermenêutico dessa visão teológica é o mesmo da teologia da libertação, e ela se desenvolve a partir do paradigma do pluralismo religioso e cultural constatado na atualidade e assumidamente valorizado. Por essa valorização entende-se o reconhecimento do pluralismo como "dom precioso que enriquece a humanidade e a convida a um aprofundamento espiritual novo e mais profundo" (BARROS, 2009, p. 31).

Entre as visões teológicas desafiadoras está a de uma cristologia afro-latíndia. Ela mostra, entre outros aspectos, que a redenção acontece não mediante a morte sacrificial de Jesus na cruz, mas sim nasce

Pluralismo e libertação

de uma fé confiante e despojada mediante o amor de Deus. "Isso não diminui o valor salvífico da autoentrega de Jesus em seu martírio e da força do exemplo que tem sua Paixão. Mas abre a fé cristã a um reconhecimento de uma ação divina muito além do Cristianismo" (BARROS, 2009, pp. 125-126).

No tocante às questões eclesiológicas, o que fica indicado como valor são formas comunitárias de viver a fé, dentro da referência teológica da libertação, na comunhão com as culturas afro e índia, incluindo o valor que nelas é dado às festas e à preparação e ao desfrutar da comida. Essa perspectiva requer uma mudança profunda na concepção de missão, que passa a ter ênfase na forma profética de inserção no mundo, que vive e celebra o testemunho da ressurreição de Jesus no meio dos sofrimentos humanos, sobretudo das pessoas mais pobres, e do martírio constante das comunidades negras e índias. A eclesiologia afro-latíndia fundamenta-se em ser antirracista e antidiscriminatória, comprometida com a justiça e com o respeito das diferenças. É marcada, não obstante o seu caráter militante, pela alegria e pela dimensão lúdica, mesmo em meio ao sofrimento.

2.1. A tensão entre ritualidade e racionalidade: por uma teologia indígena

Em relação especificamente à teologia indígena latino-americana são muitos os desafios, em especial pelo elevado grau de diferença cultural nos diferentes contextos e épocas e pelas interpelações que a história do encontro entre culturas provocou.

Um dos teólogos que se tem dedicado a essa perspectiva é Diego Irarrazaval. Ele atuou por quase três décadas em comunidades populares Aymaras no Peru. Em suas palestras e entrevistas, costuma dizer que junto aos Aymaras aprendeu a ser pastor e a ser pastoreado por um povo que sabe celebrar a vida e que é capaz de aceitar as pessoas distintas com suas virtudes e limitações. Da mesma forma, afirma que a compreensão que possui sobre o sentido do seu próprio

A teologia latino-americana e o pluralismo religioso

trabalho missionário não se dá por crer que as pessoas envolvidas estão carentes de Deus, mas sim pelo intuito de acompanhá-las na beleza da sua espiritualidade e em seus esforços pela conquista da justiça, como, por exemplo, o direito à educação em sua própria cultura. Tais perspectivas são reveladoras da teologia do autor.

O referido autor formula a sua teologia a partir dos povos originários do continente latino-americano, a partir das suas vivências de espiritualidade, numa atividade que nasce a partir "de baixo", com as populações excluídas, e "de dentro" da cultura e fé ameríndia. A provocação primeira para estas produções é dada pelas populações empobrecidas, "de baixo", das classes populares e "de dentro", do próprio espaço da América Latina, como o próprio título da obra Irarrazaval aponta. É necessário interpelar a teologia a partir das falas/crenças indígenas questionadoras de heranças coloniais que encobrem experiências de espiritualidade e que não são relacionadas ou geradas com construções eurocêntricas. Um exemplo disso é a tensão entre ritualidade e racionalidade no tocante ao conhecimento da realidade:

> Para a população Nahuatl, a verdade é *in xóchitl in cuícatl* (flor e canção) que provém da fonte da Vida e que é proclamada por *tlamantinime* (pessoas sábias). Portanto, não é a equação mente = realidade, mas um conhecimento metafórico como o de flor-e-canção, onde dialogam o divino e humano. Cada povo autóctone da América Central, da Amazônia, das serranias andinas, do cone-sul tem seu modo de entender a natureza, a história, a divindade. Tal compreensão é inseparável da celebração, pois a palavra de fé (o mito) se alimenta do rito e vice-versa. Esta rica palavra ritual é a que, nos processos de teologia índia, dialoga com a fé cristã (IRARRAZAVAL, 2007, p. 105).

Tal perspectiva se constrói a partir de dois importantes eixos: o *primeiro* deles refere-se ao mundo indígena e mestiço, uma encarnação nestas vivências, em suas identidades complexas, na interação entre suas culturas, em seus mitos e formas de espiritualidade e em suas outras propostas de fé em Deus. Já o *segundo* eixo refere-se a abordagens mais amplas da realidade latino-americana, a partir

Pluralismo e libertação

"de dentro" desse espaço. Para tanto, aproxima-se das culturas e religiosidades dos povos pobres, e, a partir "de baixo", relacionando ação evangelizadora, inculturação e as hermenêuticas que são construídas e desenvolvidas no contexto e em diálogo com povos "indo-afro-mestiços".

O autor fala "a partir de regiões andinas que encontram harmonia entre polos contrapostos" (IRARRAZAVAL, 2007, p. 9). Uma espécie de conciliação e convivência de contrários, não caindo em interpretações dicotômicas. Isso significa que é necessário reler as vivências latino-americanas em suas culturas e espiritualidades, em seu pluralismo e mosaico multicolorido, mas a partir de um lugar específico. Como aponta o autor:

> estou convencido de que o pensar profundo não vem de um acima unilateral, mas do pequeno e do último que humildemente é capaz de interagir com toda a realidade. Portanto, para crer e pensar, não vamos subir, mas, ao contrário, descer e gozar da intimidade e do vigor das fontes da Vida (IRARRAZAVAL, 2007, p. 10).

A partir deste lugar vivencial, os povos tradicionais interpelam uma produção de teologia com seus mitos e suas utopias. A fé indígena provoca a teologia das religiões reprojetando-a para além das elaborações teológicas cristãs que se construíram como espaços hegemônicos, de onde se interpreta a espiritualidade e a cultura dos povos ameríndios. A teologia passa, portanto, a ser desafiada pela construção de narrativas a elaborarem-se a partir de uma fé plural e diversa.

> Parece-me que a visão indígena nos ajuda a reapreciar o sagrado e a salvação no interior da criação e da corporeidade humana. Um estudioso valoriza o existencial nas "cosmogonias míticas... em momentos decisivos da vida individual, como é o nascimento, a doença, a iniciação, a celebração do matrimônio e a morte...", e acrescenta: "Teologicamente têm interesse pelo contraste que representam com os relatos bíblicos da criação". Por minha parte, sublinho como o indígena motiva a reprojetar a situação atual e a corrigir a teologia dominante. Em vez de coisificar e consumir a realidade – uma feição da (des)ordem moderna –,

A teologia latino-americana e o pluralismo religioso

> convém-nos mais interagir entre seres viventes, confrontar a maldade no mundo (muito presente nos mitos indo-americanos) e superar os absolutos científicos e técnicos que manipulam tudo. Também relemos nossa tradição a fim de não segregar o natural/humano da obra de salvação (IRARRAZAVAL, 2007, p. 106).

Na interpelação de uma teologia indígena, Diego Irarrazaval apresenta quatro pontos de destaque a partir dos mitos e da fé indígena: i) o imaginário mítico e utópico, na população Ameríndia, é heterogêneo e complexo e conjuga origens marcadas pela felicidade e pelo mal; ii) a teologia cristã, ao se aproximar dos mitos, ritos, utopias e éticas dos povos indígenas, não se delimita pelo tradicionalmente religioso da experiência cristã, mas se alimenta da busca de uma vida plena com os símbolos espirituais de povos tradicionais; iii) a reflexão cristã, nesse encontro, se ressitua na espiritualidade e sabedoria dos povos indígenas, na fé dos "de baixo"; iv) o desenvolvimento de uma solidariedade mundial é inseparável do cosmo e da qualidade espiritual dos povos, que provoca uma interação entre comunidades indígenas e outros setores da humanidade, a articulação entre teologias indígenas e outros modos do fazer teológico, reconhecendo, assim, um pluralismo religioso e um pluralismo teológico.

2.2. Subjetividade afro-brasileira e racionalidade cristã ocidental

Observemos agora mais detidamente a contribuição da teologia negra da libertação para o debate do pluralismo religioso. Nossa proposição é que as dimensões de subjetividade e de experiências lúdicas e rituais dos grupos religiosos afro-brasileiros, uma vez vistas como interpelação à teologia cristã, redimensionariam o caráter fortemente racional nela presente e gerariam novas sínteses.

Buscou-se na América Latina, em linhas gerais, colocar em comum os diversos aspectos sociais e teológicos a partir da realidade das comunidades afro-americanas e caribenhas emergentes nas últimas décadas do século XX; analisar e aprofundar à luz da reflexão teológica os grandes desafios provenientes da realidade pastoral dos povos negros; aprofundar as exigências de uma "evangelização inculturada" indicadas pelas Igrejas; aprofundar a reflexão sobre as práticas ecumênicas a partir das culturas e religiões de origem africana; e como as teologias feministas e índias podem representar espaço de encontro, de diálogo e de construção de novos referenciais e paradigmas teológicos.

Tais perspectivas apresentaram a ideia de um Jesus Cristo luz e libertador do povo afro-americano, ao mostrar que na diáspora do povo negro africano – e esta é a realidade do contexto latino-americano – não houve dificuldades, por parte das religiões de origem africana, em acolher Jesus Cristo como expressão concreta da fé. Não obstante a diversidade religiosa da comunidade negra no continente, Jesus é respeitado, cultuado e invocado e visto como libertador. Ao analisarmos a experiência dos grupos africanos Banto e Nagô, vemos que a cristologia pode ser redimensionada a partir da experiência de ancestralidade e de orixalidade. Trata-se da valorização do passado, fazendo-o estar presente na comunidade por intermédio da mediação ancestral e da valorização da mediação que reúne ao mesmo tempo a identidade humana e divina, como é o caso da força universal dos orixás.

Ainda na questão cristológica, é preciso enfatizar a dimensão da libertação, crucial para os povos negros devido à situação de opressão em que vivem. Daí a afirmação de que

> a cristologia que emerge do contexto da Comunidade Negra, por certo, não é uma cristologia centrada num mero sacrificialismo justificador das dores das vítimas do sacrifício. A vítima evoca uma atitude passiva, que é, na verdade, não atitude. A cristologia atual, mais que um Jesus Cristo vítima, revela o Jesus Cristo mártir. O martírio em Jesus Cristo – e é aí que a concepção cristã sobre o martírio tem o seu significado – é consequência de uma atitude ética fundamental em direção do Reino de Deus (SILVA, 2008, p. 74).

A realidade religiosa afro-americana, dentro de suas mais diversas manifestações como o candomblé no Brasil, o vodu haitiano e a santeria em Cuba e as demais expressões religiosas delas decorrentes ou em interação com elementos delas, como é o caso, por exemplo, da umbanda no Brasil, que, embora de origem nacional, é frequentemente arrolada como religião africana.

Historicamente, há uma evolução da forma como as Igrejas cristãs, tanto católica como protestantes, veem as religiões afro-americanas. Do tratamento como seitas diabólicas e objetos de ataques passa-se a uma postura de maior respeito, embora se mantenham as posturas de ameaça e de violência. Ao mesmo tempo, há pouco diálogo entre a teologia cristã e o universo religioso das tradições religiosas africanas.

São muitos os aspectos que desafiam uma teologia pluralista. Um deles são as limitações do fazer teológico aos espaços institucionais e magistérios das Igrejas. Uma teologia pluralista precisa ser construída a partir do diálogo e de interpelações livres de diferentes culturas que margeiam as experiências religiosas.

> A subordinação da teologia cristã aos magistérios eclesiásticos ocasionou um fechamento, dando a esta, não poucas vezes, um enquadramento muito mais de doutrina que de sabedoria ou ciência. Ao mesmo tempo que se tornou um corpo fechado, a teologia cristã legitimou a si própria e desconsiderou as outras possíveis teologias. Ainda hoje causa estranheza a muita gente quando se fala em teologia do candomblé, do vodu ou das heranças religiosas africanas (SILVA, 2003, p. 99).

A lógica racional que sustenta a teologia cristã ocidental, mesmo a teologia da libertação, precisaria ser interpelada pelas concepções de mundo africanas onde o humano e o divino convivem num mesmo espaço de tempo e lugar, como o "estado de santo", por exemplo. Também a subjetividade própria da sabedoria africana carece de reciprocidade diante da racionalidade ocidental.

A teologia cristã do pluralismo religioso ou será dialogante, ou não será teologia do pluralismo religioso; sem diálogo aberto será uma falsa proposta. Entretanto, mesmo nos tempos atuais, o diálogo inter-religioso encontra-se prejudicado e até mesmo impossibilitado pelo relacionamento assimétrico entre as teologias em questão. Não há possibilidade de diálogo enquanto a teologia cristã for considerada "a teologia" e a teologia das heranças africanas continuar sendo considerada "mera crendice" (SILVA, 2003, p. 99).

Outro desafio é a compreensão da salvação. A distinção presente em teologias cristãs tradicionais dos atos divinos de criação e de salvação não é encontrada nas tradições religiosas africanas. Nelas, criação e salvação constituem um ato único divino. A salvação já está dada por Deus no ato criador. "Deus cria salvando e salva criando" (SILVA, 2003, p. 102). Essa visão não despreza os procedimentos éticos, mas se isenta de uma quase obsessão pela salvação, como vista em alguns grupos cristãos, a qual gera formas religiosas "de barganha" humana com Deus e formas de exclusivismo. O compromisso ético não se baseia tanto na busca incessante de uma salvação, mas sim no equilíbrio, no bom relacionamento entre as pessoas e delas com a natureza de uma fidelidade ao divino.

Relacionadas a esse tema surgem as questões cristológicas. Há uma forte tendência em religiões africanas de se incorporar Jesus Cristo em seus esquemas e simbologias. E isso, em geral, se dá não como mera assimilação, igualando-o, por exemplo, aos orixás, mas como novidade de vida especialmente ligada à superação de condições aviltantes como a escravidão. Trata-se de uma nova percepção de fé forjada pelo contexto opressivo da diáspora. Jesus, mesmo com nomes variados, vai estar presente e atuante na vida das pessoas. O que isso pode representar para a teologia cristã em seus processos de renovação e de busca de referenciais mais profundos para a fé? Além disso, o autor nos lembra de que "se a amálgama que permite a unidade da teologia cristã é a fé da comunidade no Deus de Jesus Cristo, o ato unificador das tradições africanas é a experiência centrada no Deus da Vida mediatizada pelo axé" (SILVA, 2003, p. 100), mesmo considerando a diversidade interna das religiões afro-americanas.

A dimensão sacramental também é desafiadora. Para o autor, o mistério da Eucaristia nas Igrejas cristãs e o Estado-de-Santo nos cultos do candomblé, por exemplo, evidenciam momentos absolutos da relação do humano com o divino, e, portanto, uma teologia do pluralismo religioso deveria dar, minimamente, a mesma excelência a ambos, sendo assim vistos como "sacramentos".

Diferentes das formas ocidentalizadas de Cristianismo, a teologia das heranças africanas, nos indica o autor, "se fundamenta numa concepção de mundo de relações mais que dialéticas verdadeiramente analéticas. O humano e o divino convivem num mesmo espaço de tempo e lugar. É a lógica da não lógica" (SILVA, 2003, p. 101). Tais perspectivas suscitam indagações importantes para um diálogo entre teologia cristã e teologia das heranças africanas: "Qual lógica é capaz de dar conta de uma realidade onde o humano e o divino transformam a corporeidade em carregadora de ambos? Qual lógica explica o "estado de santo"?" (SILVA, 2003, p. 101). Trata-se de questões mutuamente desafiadoras. Diante delas o autor conclui que

> Está evidente que os pressupostos do conhecimento numa e noutra reflexão teológica não seguem os mesmos caminhos. Entretanto, a aproximação entre elas pode determinar uma nova via de conhecimento capaz de dar conta da realidade plural que envolve o seu humano. A subjetividade que caracteriza a sabedoria africana põe em cheque a racionalidade que distingue o procedimento ocidental, contudo se carecem reciprocamente (SILVA, 2003, p. 101).

2.3. É possível uma teologia do sincretismo, entendido positivamente como interculturalidade?

Nossa pressuposição é que o sincretismo faz parte das relações históricas entre as religiões. Mesmo as reações a ele se dão, em geral, a partir de determinada religião que também é, por sua vez e em alguma medida, sincrética. Os diálogos inter-religiosos têm sido desafiados pelas realidades do sincretismo, entendido em suas positividades, e também pela chamada dupla vivência religiosa. Esse dois aspectos constituem um dos pontos mais controversos do diálogo inter e intrarreligioso. São inúmeras as comunidades no contexto latino-americano que vivem formas de Cristianismo popular sem abrir mão de tradições religiosas milenares. Portanto, trata-se de tema relevante para a reflexão teológica atual.

Um dos desafios teológicos de destaque em nossas reflexões é dar positividade à noção de sincretismo. Para Afonso Ligorio Soares

> pode-se falar, portanto, de fé sincrética para identificar o modo mesmo de uma fé "concretizar-se". De fato, não existe fé em estado puro; não temos antes uma fé (religiosa) à qual acrescentamos depois uma ideologia. A fé mostra-se na práxis. Por isso, quem diz fé sincrética, diz, de certa forma, fé inculturada. A diferença (não indiferente) é de trajeto, ou seja, o ponto de vista de onde se observa ou de onde se participa da invenção religiosa popular. A comunidade eclesial propõe-se a inculturar a mensagem evangélica; o povo responde, acolhendo (inreligionando) a "novidade" de acordo com as suas reais possibilidades contextuais (políticas, culturais etc.) (SOARES, 2003, p. 246).

As consequências para o fazer teológico são diversas e todas igualmente desafiadoras. Não se trata necessariamente de uma visão heterodoxa, ao contrário, "as matrizes bíblico-simbólicas do Cristianismo são intrinsecamente abertas a novas releituras e reconceitualizações" (SOARES, 2003, p. 252). Isso se deve dar em diálogo e em abertura a um processo de reformulação dogmática, os quais podem muito bem ser feitos entre e em conjunto com diferentes religiões.

Uma teologia do sincretismo, entendida como possibilidade de se pensar a fé dentro de um diálogo inter e intrarreligioso, possui como pressuposições básicas ao menos dois aspectos: que expressão religiosa alguma vive em estado puro ou está isenta de ambiguidades e, portanto, pode e deve estar aberta às outras em um processo de aprendizado, e que o sincretismo, ao contrário do sentido na maior parte das vezes negativo atribuído ao termo, pode ser compreendido como ressemantização das experiências religiosas a partir das relações aprendidas no mundo do outro. É o que dará base para

A teologia latino-americana e o pluralismo religioso

se indicar uma teologia "entrefés" (*interfaith*), que aprende das realidades religiosas de sincretismo que "não há etapas rumo a esta ou aquela religião total, pois nenhuma fé ou espiritualidade esgota o Sentido da Vida" (SOARES, 2008, p. 213). As vivências espirituais sincréticas seriam sadias provocações aos conceitos enrijecidos pela lógica dogmática e devem ser vistas como fonte de novidade na busca de formas novas e mais autênticas de compreensão da fé tradicional.

> Ressalte-se, porém, que a vivência sincrética do Cristianismo não é uma invenção de indígenas latino-americanos e afrodescendentes. Ocorre na história dos povos um autêntico jogo dialético em que, primeiramente, o povo vencedor tenta impor-se eliminando a religião do povo vencido (antítese); em seguida, o dominador acaba aceitando os elementos mais válidos ou mais fortes dos oprimidos (tolerância, coexistência pacífica); no final, chega-se a uma síntese. O Cristianismo, por ser uma religião universalista, não se pôde subtrair ao sincretismo, já que chamou sobre si a responsabilidade de conter, em princípio, toda a pluralidade encontrável no gênero humano (SOARES, 2008, p. 193).

Tal perspectiva teológica não se confunde com a ideia de que "tudo cabe", tornando essa visão desprovida de um referencial ideológico e de verdade. Ao contrário, seguindo a intuição universal e pluralista de que "todos cabem", e, aqui, portanto, a dimensão humana é ressaltada,

> não nos parece epistemologicamente difícil avançar na proposta de uma ética (H. Küng) ou *ethos* (L. Boff) mundial; e será sempre simpático enveredar por um caminho místico que supere as demarcações teológicas (R. Panikkar). Também é fácil descartar pastiches de pluralismo religioso como os *blockbusters* da trilogia *Matrix*. Mas, ainda nos retém do lado de cá a velha noção de verdade (SOARES, 2008, pp. 220-221).

Não se trata de uma expectativa de dizer a verdade cabal, mas uma teologia do sincretismo pode, ao menos, desmascarar pretensas verdades, especialmente pelo recurso e mediações necessárias das ciências, revelando, assim, fronteiras porosas que se podem tornar espaços significativos de reeducação como seres humanos. Tal processo de reeducação deve revelar a validade e a relevância do esforço teológico, que articula a realidade plural e a tradição, para o bem das comunidades de fé. Esse exercício deve levar em consideração as hermenêuticas em conflito nos contextos eclesiásticos, em especial o católico romano, devido ao número crescente de "notificações" e processos sobre pesquisas em diferentes áreas, sobretudo no campo inter-religioso.

Na realidade plural da América Latina da atualidade, onde há uma complexidade de fenômenos religiosos e uma simultaneidade (diferentemente de outros contextos, como o europeu, por exemplo) entre situações de crise da religião e de reavivamento religioso, verificam-se, por exemplo, experiências de pessoas e grupos cristãos que vão ao encontro dos mistérios ancestrais africanos e de personalidades do mundo religioso afro que buscam o Cristianismo. Ambos os movimentos revelam intensa criatividade religiosa e desejam encontrar significados mais profundos e novos de sua própria tradição a partir de relações sincréticas. Há também movimentos espiritualistas-esotéricos, que, embora não se reconheçam como religiosos, possuem estruturas simbólicas, objetivos, processos iniciáticos muito próximos aos de religiões, inclusive da visão judaico-cristã, além de interações religiosas híbridas. Esse quadro sugere a possibilidade de pensar o futuro das novas gerações dentro de um marco de uma forma de pensamento interconfessional ou transconfessional. Tal forma daria condições para a construção de uma teologia "entrefés".

> A questão, portanto, não é se somos ou não sincréticos – uma atenta resenha dos bons estudos culturais disponíveis demonstra inequivocamente que, mais ou menos, o somos todos –, mas até que ponto da estrada queremos ou aguentamos ir nesse intercâmbio, sem prejuízo da inspiração cristã original. Mesmo que chamemos essa tradução de inculturação ou de "sincretismo ortodoxo", o importante é ir aprendendo a detectar nesse processo de empréstimos quando o mesmo é comandado por delimitações fora das quais já não se percebe nenhum *continuum* com a tradição cristã (SOARES, 2008, p. 197).

A teologia latino-americana e o pluralismo religioso

Portanto, diversas questões suscitadas pela realidade das culturas afro-indígenas interpelam o método teológico, especialmente a relação entre subjetividade e racionalidade. Tal relação, de nosso ponto de vista, é fundamental para o alargamento do método teológico, tão almejado nas últimas décadas. Trata-se de questionar o excessivo racionalismo da teologia, a partir de uma aproximação da fé cristã com as experiências religiosas marcadas pelas culturas afro-indígenas, base da realidade cultural latino-americana.

As realidades das culturas religiosas afro-indígenas que marcam o contexto latino-americano, se consideradas pela reflexão teológica, em postura de diálogo crítico e interpelador, possibilitam uma revisão do método teológico em diferentes aspectos. O primeiro é o alargamento da visão sobre a realidade, sobre o ser humano e sobre o cosmo, baseado na primazia da vivência comunitária em detrimento das lógicas doutrinais e formais, e também em maior ênfase na dimensão do despojamento e da autodoação em contraposição às formas cristológicas sacrificialistas. Descartam-se, no entanto, as muitas idealizações das referidas culturas feitas por diferentes círculos nos campos da antropologia, da teologia e das ciências da religião. Todavia, não se podem negar os traços de inclusão e de respeito ao humano e à natureza presentes na vivência de nações indígenas e de povos de cultura negra.

O segundo é que as dimensões de subjetividade e as experiências lúdicas e rituais dos grupos religiosos afro-indígenas, uma vez vistas como interpelação à teologia cristã, redimensionariam o caráter fortemente racional nela presente e gerariam novas sínteses entre fé e ações práticas.

Nossa perspectiva é ressaltar a necessidade de mudança de lugar teológico a partir da realidade das culturas religiosas afro-indígenas, valorizar a contribuição de uma teologia indígena e de uma teologia negra, especialmente por desfrutarem da tensão criativa entre ritualidade e racionalidade e por articularem as subjetividades do mundo afro-indígena e a racionalidade cristã ocidental, e também realçar o valor teológico do sincretismo com vistas a uma teologia entrefés. Reconhemos que os parâmetros das reflexões aqui propostas ainda estão centrados no universo conceitual cristão e não refletem profunda e radicalmente uma atitude dialógica a partir "de dentro" das referidas culturas. Ou seja, a voz dos sábios e sábias das culturas afro-indígenas ainda não se constituem como expressão nítida de vozes que interpelem e dialoguem com os grupos teológicos cristãos. Elas estão pressupostas na vivência dos autores apresentados.

3. A contribuição da teologia feminista da libertação para o debate do pluralismo religioso

O debate sobre o pluralismo religioso na América Latina cada vez mais se torna relevante devido à vivência multicultural e multirreligiosa do continente. Como se sabe, a intolerância religiosa, ao lado dos interesses econômicos e políticos, é um dos grandes motores que geram a violência, causando a morte de milhares de inocentes, principalmente nos países pobres. Na perspectiva cristã, a discussão sobre as mensagens religiosas capazes de dar respostas consistentes para crentes e não crentes num mundo marcado por guerras, violência e injustiça social centraliza-se, em geral, na discussão sobre o significado de Jesus Cristo hoje e a doutrina da encarnação. Entretanto, as teólogas feministas da libertação têm ido além ao não somente discutirem o tema da cristologia, mas também ao procurarem aprofundar os problemas sexistas advindos da visão religiosa monoteísta, bem como os que emergem das metáforas patriarcais utilizadas na construção da imagem de Deus.

Nessa perspectiva, a discussão sobre o pluralismo gira fortemente em torno dos dogmas que têm excluído as mulheres das instâncias de decisão e do poder nas esferas religiosas e não tanto das diferenças entre as religiões. Além disso, alguns desses dogmas também têm marginalizado homens e mulheres de diferentes raças e culturas, em

A teologia latino-americana e o pluralismo religioso

nome de um "Cristo branco, de traços europeus". Portanto, trata-se de um esforço radicalmente inclusivo.

A perspectiva feminista do diálogo inter-religioso busca elementos, princípios e práticas de natureza libertadora não apenas para as mulheres, mas para os diversos grupos marginalizados e discriminados socialmente, tendo como base um conceito de divindade não sexista, não patriarcal, não elitista e não racista. Nesse sentido, destaca-se a necessidade de se valorizar as religiões e culturas que são desconsideradas na sociedade.

> O escândalo da cristologia, para a maioria das feministas, consiste no fato de se promover uma figura masculina de Deus, tendo as mulheres de se confrontarem com a figura de um homem como pessoa paradigmática. A simples superação da masculinidade do Jesus histórico como um fato contingencial, a relativização da linguagem e a ênfase na mensagem de Jesus como mensagem revolucionária parecem não ser suficientes para superar as cristologias tradicionais. Todos os suportes simbólicos da cristologia precisam ser reinterpretados (Ruether). O repúdio às figuras de heróis e heroínas deve ser implementado. Esse repúdio, concentrando a ideia salvífica na relacionalidade, na comunidade, pode afastar-nos de governos do tipo autoritário, que concentram a ideia de salvação em uma figura única. Além disso, está mais próximo de um diálogo com o pluralismo religioso, como nos mostra o trabalho que teólogas latino-americanas estão realizando com e nas comunidades afro-americanas e indígenas. Nesse sentido, não apenas recupera a visão das mulheres, mas também a de povos e raças oprimidos, tanto do ponto de vista econômico-social como étnico racial. A inter-relacionalidade entre as pessoas na comunidade é colocada em destaque; a comunidade é salvífica, nas religiões afro-americanas. O poder é mais partilhado e um grande respeito aos velhos, às crianças e a toda a natureza é observado (TOMITA, 2005, pp. 112-113).

Como decorrência da referida busca, está a necessidade de uma revisão da cristologia, de modo que ela não se restrinja a uma mensagem centrada em um único indivíduo, mas sim em uma comunidade. Seria a possibilidade de experiências religiosas que se pautam pela inter-relacionalidade, pelo compartilhamento do poder, pela constituição de relações internas justas, pelo respeito aos velhos, às crianças e à natureza. Nas palavras da autora:

> Não se pretende com esta proposta jogar fora a pessoa histórica de Jesus, mas ele deve permanecer como uma figura paradigmática, por sua mensagem e práxis. A comunidade se torna central, mas as pessoas dentro dela devem ser modelos de vivência comunitária, de práxis de solidariedade, de fraternidade/sororidade, de luta contra a desigualdade e injustiça social (TOMITA, 2003, p. 114).

Em "Crista na ciranda de Asherah, Ísis e Sofia: propondo metáforas divinas para um debate feminista do pluralismo religioso" (2005), Luiza Tomita apresenta os esforços de desconstrução da cristologia efetuados por várias teólogas nas últimas décadas como, por exemplo, Ivone Gebara, Mary Dale, Rosemary Radford Ruether, Elizabeth Schüssler Fiorenza e Rita Nakashima Brock. O próprio termo "Crista", no sentido de comunidade, visa impedir ou atenuar que haja uma identificação única de Cristo com Jesus. Ao combiná-lo com comunidade, espera-se desviar o foco da salvação de indivíduos heroicos, e, assim, afirmar a convicção sobre a santidade da comunidade. Para a autora:

> A cristologia é um dos tratados teológicos que mais tem despertado o interesse das teólogas feministas. Centralizando a salvação na figura de um varão, as cristologias da reconciliação têm se apresentado como sério problema para a emancipação das mulheres. Mas não é apenas para as mulheres que a centralização da liderança, da redenção, num homem, branco, representa um obstáculo. Muitos povos foram colonizados, humilhados, feridos, dizimados, em nome de um Cristianismo fundamentado numa cristologia da reconciliação. Essa cristologia não representa um problema apenas pelo fato de postular a redenção por meio de um varão, mas também porque implica uma teologia da cruz. Ao justificar o sofrimento humano nesta terra, na esperança de uma recompensa após a morte, prega um Cristianismo de passividade, de resignação, de submetimento, de autonegação (TOMITA, 2005, p. 109).

Além das questões especificamente cristológicas, há duas outras que representam desafios importantes no debate do pluralismo religioso: o conceito de salvação e a questão do monoteísmo.

A teologia latino-americana e o pluralismo religioso

A concepção da salvação entendida como cura e doação de vida relativiza uma série de mitos de origem sobre o pecado e a culpa, em que grande parte da culpa foi histórica e ideologicamente atribuída à mulher. A crítica, e mesmo a ruptura com a visão da teoria agostiniana do pecado original, faz com que a teologia tradicional da salvação perca o sentido. A salvação, não mais ligada a uma cristologia da reconciliação do humano contra o seu estado inicial de pecado, mas sim contra o pecado estrutural, ganha novo sentido. A dimensão salvífica passa a estar ligada à cura, à elevação da autoestima, à doação de vida, à acolhida no seio da comunidade. Dessa forma, a teologia cristã teria condições de ser não só mais fiel a seus princípios de igualdade de todos os seres humanos, mas também de ter a comunidade fundamentada na justiça e na paz e de expressar o poder divino como representante do amor em sua plenitude.

De forma similar está o tema do monoteísmo, uma vez que foi canalizado para uma imagem sempre masculina de Deus. Inclusive tornou-se um "golpe" contra culturas ancestrais que possuíam a crença em divindades femininas e que, por isso, empoderavam as mulheres. O monoteísmo afetou a vida das mulheres ao acabar com a bixessualidade da divindade e, assim, afastar as mulheres da natureza divina. Também introduziu um dualismo entre corpo e espírito, entre humanidade e natureza, entre Deus e mundo. Uma espiritualidade centrada em deusa possibilita uma reflexão a partir da realidade corporificada no cotidiano, tanto nas dimensões de prazer como nas de dor, incluindo as mudanças e os processos do corpo, da vida pessoal, da autoafirmação e, ao mesmo tempo, conectada ao compromisso social e à atividade política. Dessa espiritualidade surgem as possibilidades de afirmação do corpo, tanto em seu poder erótico como em seu poder criativo de dar a vida e de ser fonte de cura.

O esforço da teologia feminista da libertação em buscar imagens femininas de Deus está centrado na expressão da fé em uma divindade que esteja preocupada com as situações de opressão e violência que marcam a vida de parcelas consideráveis da população,

Pluralismo e libertação

especialmente de mulheres. Tal divindade, despida de androcentrismos e das consequentes formas de patriarcalismos e sexismos, promove a cura, valoriza o corpo, a sexualidade, o cuidado e a proteção da natureza, com uma consequente responsabilidade ética pela criação. Aliás, tal perspectiva estabeleceria saudáveis conexões com as religiões indígenas e africanas, uma vez que elas possuem imagens divinas menos autoritárias, mas que habitam ou se revelam no meio da comunidade, e baseiam-se em uma inter-relacionalidade, solidariedade e maior respeito às pessoas e à natureza.

O diálogo inter-religioso também produz no interior de cada expressão religiosa mudanças e identificação de desafios. No caso do Cristianismo, é importante ressaltar a necessidade de crítica do papel que ele desempenhou nos processos de colonização e catequização dos povos, cuja marca de intolerância, violência e rejeição das outras religiões e culturas, consideradas como demoníacas, está fortemente presente até os dias de hoje. A teologia feminista pode contribuir com essa revisão do lugar da religião no projeto de libertação.

4. O valor da mística e da alteridade

Como temos repetidas vezes indicado, os setores acadêmicos têm sido cada vez mais desafiados pelos temas relativos à religião, especialmente pelas tensões entre a racionalidade moderna e a emergência das subjetividades que marcaram o desenvolvimento do pensamento no final do século XX em diferentes continentes. No campo da teologia e das ciências da religião, um olhar mais detido tem sido crescente no tocante aos desafios que as aproximações entre distintas experiências religiosas têm produzido.

Não obstante o fortalecimento institucional e popular de propostas religiosas com acentos mais sectários e verticalistas, em geral conflitivas e fechadas ao diálogo, marcadas por violência simbólica e de caráter fundamentalista, o campo religioso tem experimentado também formas ecumênicas de diálogo entre grupos religiosos distintos.

Diante desse quadro surgem diferentes perguntas: Como tal realidade, especialmente com as suas contradições, incide no quadro social e político? Como interfere mais especificamente no fortalecimento de uma cultura democrática e de práticas afins? Qual o papel de uma espiritualidade ecumênica em um projeto de paz e de aprofundamento da democracia para as futuras gerações? Essas e outras perguntas similares não encontram respostas razoavelmente seguras. Há um longo e denso caminho de reflexão em direção ao seu amadurecimento. Os limites de nossa reflexão no momento não possibilitam equacioná-las. Todavia, alguns passos precisam ser dados.

Apresentamos uma modesta síntese de alguns aspectos da espiritualidade decorrente de uma teologia ecumênica das religiões. A nosso ver, eles poderiam suscitar novos referencias teóricos para se pensar futuramente as relações, complexas por suposto, entre religião e sociedade. Indicaremos aspectos que julgamos relevantes para uma espiritualidade de matiz ecumênica que responda, pelo menos em parte, aos desafios de uma teologia das religiões para os nossos dias. Eles são interdependentes e revelam aspectos de um mesmo prisma.

O primeiro deles destaca o valor da mística e da alteridade para os processos religiosos e sociais, dentro do quadro de recrudescimento nas perspectivas utópicas e doadoras de sentido e de intensificação de propostas religiosas fortemente individualistas e geradoras de violência. O segundo aspecto destaca o diálogo ecumênico como afirmação da vida, baseado na tradição da prática de diálogos entre as religiões, onde há implicações concretas no campo da solidariedade, nas experiências de comunhão e de conhecimento mútuo, nos processos de humanização e de busca da paz e da justiça. O terceiro aspecto trata da importância do Reino de Deus na reflexão teológica, em especial na perspectiva latino-americana, na qual a centralidade dessa categoria teológica tornou-se referência de vivências religiosas, eclesiais e políticas.

A explosão mística e religiosa vivenciada no final do século XX e na primeira década do XXI, em diferentes continentes e contextos socioculturais, revela, entre outros aspectos, um esgarçamento da razão moderna como doadora de sentido para a humanidade. Ao mesmo tempo, a sempre referida falência dos projetos utópicos globais leva, a nosso ver, contingentes expressivos da população a buscarem formas intimistas e privatizadas de expressão religiosa, o que inibe formas de vivência social e religiosa marcadas pela alteridade.

Pressupomos que há um nexo entre violência e religião, herdado de longas tradições culturais e religiosas e que ainda marcam os tempos atuais. Não obstante isso, ficam indicados elementos dentro das próprias dinâmicas e conceituações religiosas que são geradores da paz. E daí surgem diferentes desafios e possibilidades. O mais fecundo é o da "escuta"; saber ouvir o diferente. Trata-se da

> tentativa de nos submeter à verdade onde quer que ela se encontre, aceitando o pluralismo de perspectivas e de nomes, quaisquer que eles sejam e onde quer que pulse o coração da vida. Esta missão é "sair" da violência mimética e redutora da alteridade do outro e entrar numa dinâmica de paz polifacética e plural (BINGEMER, 2001, p. 288).

A pluralidade religiosa tem sido vivida nas tensões tanto em relação ao processo de secularização como em relação à convivência conflitiva das diferentes religiões. O pressuposto é o de que a vivência atual, bastante distinta das gerações passadas, é forjada no contexto de cruzamento e interação de ateísmo, descrença e indiferença religiosa, por um lado, e no fortalecimento de várias experiências religiosas, antigas e novas, por outro.

Uma das questões que se apresenta é se a secularização é inimiga ou amiga da fé. Para respondê-la, podemos lembrar que no próprio contexto da fé judaico-cristã já se encontra uma interface com uma visão "mundana do mundo" onde a experiência religiosa não se impõe como compreensão unívoca, mas dirige-se a uma emancipação do ser humano em relação à religião. Isso se dá de variadas formas como, por exemplo, com a valorização da dimensão humana e histórica no processo de encarnação, com o plano das lutas pela justiça e pelos direitos que, mesmo sendo sagradas, são travadas na secularidade, bem como ao se dar importância à criação que, embora tenha uma interpretação religiosa, pois é de Deus, possui a sua realidade terrena, imanente. Trata-se, portanto, de uma interpretação positiva dos processos de secularização que veem a emancipação humana não como "crepúsculo de Deus", mas como reforço ao que já está engendrado na revelação bíblica (BINGEMER, 2001).

Na mesma direção, perguntaríamos se a emancipação humana significaria o crepúsculo de Deus, o que nos levaria a uma face negativa que o contexto de modernidade e secularização produziu, uma vez que esses contextos,

> embora pretendam emancipar-se de toda e qualquer divindade imposta e/ou institucionalizada, criam os seus próprios deuses, diante dos quais é obrigatório curvar-se e a cujas leis se deve obedecer. Alguns desses novos deuses constituem verdadeiras idolatrias que interpelam profundamente a fé trinitária (BINGEMER, 2002, p. 303).

Residem aí a "vendabilidade" de todas as coisas, que é o deus mercado, o culto à personalidade, o progresso visto como primazia em relação ao humano, o utilitarismo nas relações humanas e o poder e o prazer desprovidos de alteridade e de sentido. Dessa forma, tanto os processos modernos de emancipação humana como as experiências religiosas podem se encontrar na busca de caminhos diante da vulnerabilidade das pessoas e de grupos ante esses novos deuses e ídolos ou também diante da perplexidade que o novo e complexo quadro religioso apresenta.

> A adesão à fé é, sem dúvida, uma escolha livre. Mas essa escolha comanda toda experiência religiosa e toda teologia cristã autêntica. E a fé em Jesus Cristo não é fechada, mas aberta; não é mesquinha, mas possui dimensões cósmicas. A teologia das religiões da humanidade que a fé em Jesus Cristo funda estabelece, na escala do cosmo, uma maravilhosa convergência no mistério do Cristo, de tudo que Deus, em

Pluralismo e libertação

seu Espírito, realizou ou continua a realizar na história da humanidade (BINGEMER, 2002, pp. 318-319).

Diante dessas e de outras questões, podemos perceber traços de uma sacralidade para os tempos difusos e confusos em que se vive hoje.

> Interpelada por essas múltiplas interfaces, a experiência mística tal como o Cristianismo a entende, no fundo não é senão a experiência do amor e da caridade que revolve as profundezas da humanidade pela presença e pela sedução da alteridade. Quando a alteridade é a religião do outro, há uma interface a ser explorada e todo um caminho a ser feito em direção a uma comunhão que não suprima as diferenças, enriquecedoras e originais, mas que encontre, na sua inclusão, um "novo" no qual se pode experimentar coisas novas suscitadas e propiciadas pelo mesmo Deus (BINGEMER, 2002, p. 320).

A valorização da pluralidade religiosa, a recuperação do sentido espiritual da gratuidade, a crítica às formas de fixismo, o interesse e a inclinação a se repensarem categorias filosóficas e teológicas tradicionais, a interface com as ciências e com a espiritualidade, a abertura à sedução gratuita do sagrado como possibilidade amorosa e realizadora, o diálogo com tradições religiosas diferentes formam placas de um caminho que necessita ser reinventado a cada momento.

Na tradição da prática de diálogos entre as religiões, como se sabe, há implicações expressas de partilha de vida, experiência de comunhão e conhecimento mútuo, dentro de um horizonte de humanização, de busca da paz e da justiça e de valorização e afirmação da vida, considerando as exigências concretas que tais dimensões possuem.

A prática do diálogo entre as religiões implica em partilha de vida, experiência de comunhão e conhecimento mútuo. O que se dá entre pessoas e grupos que estão enraizados e compromissados com a sua fé específica, mas que ao mesmo tempo estão abertos ao aprendizado da diferença. Para a realização dessa aproximação ecumênica, são indicados cinco elementos norteadores: a consciência de humildade,

A teologia latino-americana e o pluralismo religioso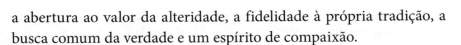

a abertura ao valor da alteridade, a fidelidade à própria tradição, a busca comum da verdade e um espírito de compaixão.

Há várias formas de diálogo inter-religioso, mas, independentemente delas, a prática dialogal requer um espírito de abertura, hospitalidade e cuidado. Entre as formas de diálogo se destacam: a cooperação religiosa em favor da paz, os intercâmbios teológicos e a partilha da experiência religiosa, especialmente no âmbito da devocionalidade e da oração. Como nos mostra Faustino Teixeira:

> Os diversos eixos do diálogo inter-religioso são mais bem compreendidos e vivenciados quando banhados por uma *espiritualidade* peculiar, um trabalho interior de desapego e abertura. Como tão bem mostrou Leonardo Boff, é no seio da espiritualidade que "irrompem os grandes sonhos para cima e para a frente, sonhos que podem inspirar práticas salvacionistas". A espiritualidade relaciona-se a tudo o que tem a ver com a experiência profunda do ser humano, com a "experiência integral da vida" (TEIXEIRA, 2008, p. 207).

Há também dois polos de reflexão, ambos por demais desafiadores. O primeiro trata do lugar do diálogo entre as religiões no processo de globalização, considerando tanto os efeitos positivos como as facilidades de comunicação, uma nova consciência global e planetária e o pluralismo como os negativos como o aguçamento dos fundamentalismos nas várias religiões. Tal contradição reside especialmente na recusa do engajamento comunicativo, por um lado, e na abertura dialogal, por outro. A primeira opção reforça os tradicionalismos exacerbados em reação às novas sensibilidades e circunstâncias da comunicação dialógica e global, o que gera as mais distintas formas de fundamentalismos. A segunda opção, a do diálogo, se impõe como desafio criativo e significativo para o futuro do mundo.

O segundo polo diz respeito à espiritualidade e como ela se vincula intimamente à prática do diálogo inter-religioso. Para isso, faz-se recurso ao que disse Raimon Panikkar:

> o encontro das religiões tem uma indispensável dimensão experiencial e mística. Sem uma certa experiência que transcende o reino mental,

sem um certo elemento místico da própria vida, não se pode esperar superar o particularismo da própria religiosidade, e menos ainda ampliá-la e aprofundá-la, ao ser defrontado com uma experiência humana diferente (TEIXEIRA, 2008, p. 209).

Tal visão não está dissociada do elemento que na tradição teológica e pastoral latino-americana está sobremodo ressaltado, que é a centralidade da categoria teológica do Reino de Deus. Ele tornou-se ponto fundante das vivências espirituais de diferentes grupos eclesiais e políticos. Dentro desse quadro, uma nova consciência ecumênica surge e está se difundindo inesperadamente pela humanidade. Trata-se de uma nova experiência espiritual. Para José Maria Vigil,

> as grandes correntes teológicas, os grandes movimentos ou transformações culturais, não se produzem normalmente em resposta a uma ideia de gênio: antes, obedecem às novas vivências espirituais nas quais a humanidade – ou algum segmento significativo dela – percebe-se envolvida. O Espírito move esses fenômenos alentando-os, conduzindo-os, impulsionando-os. E os espíritos mais despertos da humanidade captam os sinais dessa ventania e desdobram suas velas, deixando-se levar por ela.

Estamos vivendo essa nova experiência espiritual. Há um Espírito novo rondando-nos, desafiando-nos, quase que a cada dia, numa multiplicidade de gestos, reflexões, novas práticas. Estamos passando por um momento de transformação. Especificamente no contexto cristão, estamos na passagem do cristocentrismo ao pluralismo. Há medo, resistência – e ao mesmo tempo atração, clareza, até uma evidência, impondo-se lenta e irresistivelmente. É um *kairós*, um ponto de inflexão importante que introduzirá mudanças muito profundas: uma nova época na sucessão de dezenove séculos de exclusivismo eclesiocêntrico e mais um (apenas!) de cristocentrismo (VIGIL, 2006, p. 376).

Dentre os aspectos da teologia cristã favoráveis a uma teologia pluralista das religiões, podemos lembrar a visão jesuânica que destaca as dimensões teoreinocêntrica e a teopráxica. Elas relativizam tanto a prática cúltica, uma vez que a práxis do amor e da justiça, para Jesus, está acima até mesmo do culto e das práticas religiosas, quanto a perspectiva eclesiocêntrica. "Jesus não somente não foi eclesiocêntrico, como tampouco foi eclesiástico; nunca pensou em fundar uma Igreja, e até se pode dizer que, de algum modo, sua mensagem central implicava na superação daquilo que é uma religião ou Igreja institucional" (VIGIL, 2006, p. 139).

Para Jesus, o mais importante, o "último" em sentido teológico, é o Reino de Deus, entendido como vontade divina revelada em interação amorosa e salvadora com as pessoas; não um deus "em si". Não se trata de um conceito, mas, sim, de uma vivência, de um reconhecimento e da opção fundamental pelo caminho a se seguir na vida. O diálogo ecumênico é visto como parte integrante do Reino de Deus.

Outro aspecto é de caráter mais filosófico, embora expresso de forma simples, e está relacionado ao que se consagrou chamarmos "regra de ouro": "não faças aos outros aquilo que não desejas que outros lhe façam". Trata-se do elemento ético nas religiões e que se encontra presente nos textos sagrados das mais destacadas religiões como o Judaísmo, o Cristianismo, o Islamismo, o Budismo, o Confucionismo, o Hinduísmo, o Jainismo, o Zoroastrismo. O mesmo ocorre no pensamento filosófico, como expresso, por exemplo, no "imperativo categórico" de Kant, o que mostra ser a "regra de ouro" algo universalmente percebido, o que reforça seu caráter de elemento central de revelação divina. Diante disso, há a indagação: "se existe esse consenso humano, simultaneamente filosófico e religioso, tão universal, cabe perguntar: não seria possível e conveniente fazer dessa regra de ouro o fundamento certeiro do diálogo inter-religioso?" (VIGIL, 2006, p. 235).

Nas perspectivas práticas apresentadas pelo autor destacam-se, ao menos, três aspectos. Um primeiro é a revisão das práticas históricas e dos fundamentos teológicos da ação missionária, o que o autor denominou "morte e ressurreição da missão", considerando-se ações não verticalistas, dialógicas, inculturadas e "inreligionadas" e tendo

Pluralismo e libertação

o Reino de Deus como alvo e parâmetro. Um segundo é o papel das religiões na busca de uma ética mundial em favor da justiça, favorecido e ao mesmo tempo desafiado pelos processos de mundialização. Um terceiro é o cultivo de uma espiritualidade de cunho libertador, aberta à complementaridade, cujo critério hermenêutico é a libertação dos pobres.

Considerações finais

A complexa realidade social e religiosa que hoje enfrentamos, especialmente o pluralismo religioso, desafia fortemente a produção teológica latino-americana. E entre seus desafios está a construção de uma lógica plural para o método teológico, o que ressalta ainda mais a importância das questões ecumênicas para as reflexões teológicas atuais.

Procuramos mostrar que diante do pluralismo religioso faz-se necessária para a teologia das religiões uma atenção especial à articulação entre a capacidade de diálogo dos grupos religiosos e os desafios em torno da defesa dos direitos humanos, pressupondo que a espiritualidade ecumênica requer visão dialógica, profunda sensibilidade com as questões que afetam a vida humana e inclinação para a promoção da paz. Também indicamos que uma espiritualidade ecumênica que emerge do pluralismo religioso terá como valor a dimensão mística e a alteridade, e isso incidirá nos processos religiosos e sociais, favorecendo perspectivas utópicas, democráticas e doadoras de sentido.

Ressaltamos o diálogo ecumênico como afirmação da vida, com as respectivas e concretas implicações no tocante à solidariedade, à comunhão, ao conhecimento mútuo e às iniciativas e projetos de humanização e de justiça social. Destacamos também que a centralidade do Reino de Deus como categoria fundamental no método teológico afirma-se como referência para as espiritualidades ecumênicas e que há implicações importantes para o método teológico quando a realidade das culturas religiosas afro-indígenas é considerada.

Com o texto, procuramos destacar o valor da pluralidade e da ecumenicidade para o método teológico, com vistas a identificar tanto as principais implicações teóricas e práticas da formação de uma lógica plural na reflexão teológica e nas ciências da religião quanto as consequências disso para o conjunto da sociedade. No caso da teologia latino-americana, há diferentes grupos, envolvendo homens e mulheres, setores ecumênicos de juventude, comunidades eclesiais e setores acadêmicos que têm se dedicado ao diálogo inter-religioso, e tal experiência tem forjado novas perspectivas teológicas. Esse caminho está possibilitando um novo paradigma para a teologia de cunho pluralista, afastando-a da visão inclusivista que a marcou em seus primórdios.

Os objetivos dessa nova movimentação teológica e pastoral, em linhas gerais, residem na articulação dos elementos fundantes da teologia latino-americana – como a sensibilidade espiritual com a defesa da vida, dos direitos humanos e da terra, especialmente os dos empobrecidos – com uma visão ecumênica, dialógica e de busca de uma fundamentação teológica do pluralismo religioso. Um longo e árduo caminho está ainda por ser trilhado.

Referências

ASETT (org.). *Pelos muitos caminhos de Deus*; desafios do pluralismo religioso à Teologia da Libertação. Goiás: Ed. Rede, 2003.

_____. *Pluralismo e libertação*; por uma Teologia Latino-Americana pluralista a partir da fé cristã. São Paulo: Loyola, 2005.

_____. *Teologia Latino-Americana Pluralista da Libertação*. São Paulo: Paulinas, 2006.

_____. *Teologia Pluralista Libertadora Intercontinental*. São Paulo: Paulinas, 2008.

_____. *Por uma Teologia Planetária*. São Paulo: Paulinas, 2011.

BARROS, Marcelo. *O sabor da festa que renasce*; para uma Teologia Afro--latíndia da Libertação. São Paulo, SP: Paulinas, 2009.

BINGEMER, Maria Clara Lucchetti. Faces e interfaces da sacralidade em um mundo secularizado. In: LIMA, Degislando; TRUDEL, Jacques (org.). *Teologia em Diálogo*. São Paulo: Paulinas, 2002, pp. 285-332.

_____ (org.). *Violência e religião*; Cristianismo, Islamismo, Judaísmo – três religiões em confronto e diálogo. São Paulo: Loyola/PUC-Rio, 2001.

COMBLIN, José. O debate atual sobre o universalismo cristão. In: *Concilium* (155), 1980.

_____. *Quais os desafios dos temas teológicos atuais?* São Paulo: Paulus, 2005.

GLEISER, Marcelo. *A dança do Universo*. São Paulo: Companhia das Letras, 1997.

IRARRAZAVAL, Diego. *De baixo e de dentro*; crenças latino-americanas. São Bernardo do Campo-SP: Nhanduti Editora, 2007.

SANTA ANA, Julio de. Diálogos inter-religiosos: dificuldades e promessas. In: SOTER (org.). *Religiões e paz mundial*. São Paulo: Paulinas, 2010, pp. 99-117.

SILVA, Antônio Aparecido da. Teologia cristã do pluralismo religioso face às tradições religiosas afro-americanas (pp. 97-107). In: ASETT (org.). Pelos muitos caminhos de Deus; desafios do pluralismo religioso à Teologia da Libertação. Goiás: Ed. Rede, 2003.

_____ (org.). *Existe um pensar teológico negro?* São Paulo, Paulinas, 2008.

SOARES, Afonso Ligorio. *No Espírito do Abba;* fé, revelação e vivências plurais. São Paulo, Paulinas, 2008.

_____. *Interfaces da revelação*; pressupostos para uma teologia do sincretismo religioso no Brasil. São Paulo: Paulinas, 2003.

TEIXEIRA, Faustino do Couto; DIAS, Zwinglio Motta. *Ecumenismo e diálogo inter-religioso*; a arte do possível. Aparecida: Santuário, 2008.

TOMITA, Luiza. A contribuição da Teologia Feminista da Libertação para o debate do pluralismo religioso. In: ASETT (org.). *Pelos muitos caminhos de Deus*; desafios do pluralismo religioso à Teologia da Libertação. Goiás: Ed. Rede, 2003, pp. 108-119.

_____. Crista na ciranda de Asherah, Ísis e Sofia: propondo metáforas divinas para um debate feminista do pluralismo religioso. In: ASETT (org.). *Pluralismo e libertação*; por uma Teologia Latino-Americana pluralista a partir da fé cristã. São Paulo: Loyola, 2005, pp. 107-124.

VIGIL, José Maria. *Teologia do pluralismo religioso*; para uma releitura pluralista do cristianismo. São Paulo: Paulus, 2006.

Impresso na gráfica da
Pia Sociedade Filhas de São Paulo
Via Raposo Tavares, km 19,145
05577-300 - São Paulo, SP - Brasil - 2014